# 一线教学答疑录

何捷 / 著

江苏凤凰科学技术出版社 · 南京

**图书在版编目（CIP）数据**

一线教学答疑录 / 何捷著 . — 南京 : 江苏凤凰科学技术出版社 , 2023.8（2024.11 重印）
ISBN 978-7-5713-3715-5

Ⅰ . ①一… Ⅱ . ①何… Ⅲ . ①语文课－教学研究－中小学Ⅳ . ① G633.302

中国国家版本馆 CIP 数据核字（2023）第 159818 号

**一线教学答疑录**

| | |
|---|---|
| **著　　者** | 何　捷 |
| **责任编辑** | 吴梦琪　刘文芳 |
| **责任设计编辑** | 孙达铭 |
| **责任校对** | 仲　敏 |
| **责任监制** | 周雅婷 |
| **出版发行** | 江苏凤凰科学技术出版社 |
| **出版社地址** | 南京市湖南路 1 号 A 座，邮编：210009 |
| **联系电话** | （025）83657623 |
| **编读信箱** | skqsfs@163.com |
| **印　　刷** | 溧阳市金宇包装印刷有限公司 |
| **开　　本** | 718mm × 1 000mm　1/16 |
| **印　　张** | 14 |
| **字　　数** | 170 000 |
| **版　　次** | 2023 年 8 月第 1 版 |
| **印　　次** | 2024 年 11 月第 2 次印刷 |
| **标准书号** | ISBN 978-7-5713-3715-5 |
| **定　　价** | 49.00 元 |

# 目　录

## 第一章　“双减”时代的全新教学变革



## 第二章　充满好奇的语文学习热点

## 第三章 亟待突围的习作教学设计



## 第四章 独具特色的“百字作文”练习

# 第一章

# “双减”时代的全新教学变革

# 新课标时代，一线教师的“应为”与“可为”究竟是什么？

2022 年 4 月 21 日，教育部召开新闻发布会，介绍了义务教育课程方案和课程标准修订情况，同时印发了《义务教育课程方案和课程标准（2022 年版）》。这标志着历时 3 年修订的新版义务教育课程方案和课程标准于 2022 年秋季学期开始正式执行。

新修订的义务教育课程以习近平新时代中国特色社会主义思想为指导，落实立德树人根本任务，强调育人为本，依据“有理想、有本领、有担当”的时代新人培养要求，明确了义务教育阶段培养目标。这是我国在义务教育阶段划时代的重大事件。在新课程标准颁布的关键时期，一线教师也将面临全新的机遇与挑战，即基于新课标的学习、理解、实践、运用，这将对教学质量的提升和民族复兴大任接班人的培养产生重要的影响。在向着第二个百年奋斗目标迈进的新课标时代，一线教师有自己的使命与担当，有自己在教学实践中的职责与任务。

参照《义务教育语文课程标准（2022 年版）》（以下称新课标），一线语文教师的“应为”与“可为”究竟是什么呢？

一线语文教师的“应为”指的是教师作为个体应如何积极主动地调整、适应，迎接新课标的实施，自觉投入新课程的教学时代。具体来说，我有以下四个方面的建议。

## 一、细致研读

经过本次修订，义务教育语文课程更加立足于学生的核心素养发展，更能充分发挥其育人功能，同时与普通高中语文课程形成整个基础教育阶段的衔接。特别值得关注的是新课标中列出了“基础型学习任务群”——语言文字积累与梳理；“发展型学习任务群”——实用性阅读与交流、文学阅读与创意表达、思辨性阅读与表达；“拓展型学习任务群”——整本书阅读与跨学科学习。每个任务群的具体任务是什么、怎么做、如何评价、怎样实施，新课标中均给了细致的指导，教师应认真研读，才能将新概念融入自己的认知领域。

此外，新课标还提出增强课程实施的情境性与实践性，促进学习方式的改变。一线教师需要明确的问题是：怎样组织学生进行自主、合作、探究的学习？如何培养学生勤于思考、乐于实践、勇于探索的良好学习习惯？怎么去除对“刷题”的依赖以及对应试的狭隘认识？怎样鼓励学生多读书、读好书、好读书、读整本书，以真正的阅读培养真正的语文学习兴趣？这些都可以在研读新课标中找到答案，需要我们足够细心与耐心，冷静地揣摩与体会。

以往有部分教师认为对课程标准的研究与解读是教研部门的事，其实，处于新课标时代中的每位一线教师，都是课程标准的研究者，主动、细致、热情地研究课程标准，是实施新课标教学的前提与保障。

## 二、新旧比对

我们是时代的幸运儿，先后使用了《义务教育语文课程标准（2011 年版）》与《义务教育语文课程标准（2022 年版）》。经过对比我们会发现，修订后的版本升级了语文课程的培养目标，明确了语文课程需要围绕核心素养实现全面发展，也明确了课程的核心价值。同时，新课标还具体阐释了核心素养中的文化自信、语言运用、思维能力、审美创造的内涵。这些可见的变化，可以让我们对新课标有更全面、透彻的理解。

对一线教学带来巨大冲击的全新概念依然是“学习任务群”。本次修订根据义务教育阶段语文课程的目标设定，遵循学生成长规律和语文学习的特质，设置了 6 个任务群。与原先的课程标准相比，新课标将原先仅提出的语文学习内容和课程建设相关联，明确了在具体的识字写字、阅读、写话与习作、口语交际、综合实践活动中，要采用阅读欣赏、表达交流、梳理探究等学习方式，对教学做了更上位的整体统筹与规划，体现了语文课程的综合性、实践性，引领了教学的变革。每个任务群既有相对的独立性，又保持着密切的联系，贯串整个义务教育阶段。

细致比对下，一线教师不但能发现新课标中出现的新概念、新做法、新思路，还可以在之前的课标中找寻到这些概念衍生、发展、变化的轨迹。通过比对，一线教师对新课标的理解和认识可以更为深入，从而使自己的教学实践更加明朗。

## 三、积极实践

新课标以文件形式颁布，在具体的实践中要如何操作、如何转化？一线教师在这方面最有发言权，也有得天独厚的优势。一线教师可以参照新课标，率先在自己的班级教学中展开实践。

例如，学习任务群中的“整本书阅读”在各年级如何实施？怎样采用不同的阅读方法，使用不同的阅读策略？怎样在整本书阅读中组织丰富多样的语文实践活动？一线教师在实践中能总结出师生共读、同伴共读、图书推荐交流会、课本剧表演、读书俱乐部或读书沙龙等实践活动的具体操作法，开展实践，积累一线最可贵的经验，在实践中发现新课标在具体教学指导中产生的作用，形成一套行之有效的一线特有操作法——就是一线最具体的“可为”。未来，这些方法都可以在广大的一线教学群体中分享、优化。

## 四、改变观念

观念的改变是最为重要的，也是最难的。一线教师要有主动改变自我的意识，不要固守旧经验，要主动面对新时代的新机遇和新挑战。

例如，一线教师可以主动去了解语文学科课程的育人导向是什么，去理解核心素养的内涵与之前的三维目标有什么关联与差异，学生应有的价值观、品格、关键的能力具体究竟有哪些。只有做到明确观念，才有可能付诸正确的行动，才能够准确达成新课标中规定的目标。

再如，新课标中研制了学业质量标准，对学生具体的学业成就进行了刻画和描绘，讲清了到底应该教什么、教成什么样。这就是在提示一线教师，应努力变以往语文学科教学“模模糊糊一大片”的状态为“清清楚楚一条线”。这一转变，不能仅仅停留在对课标文字的研究上，而是一定要落实在行动上。观念需要积极转变，因为观念指挥着行动。

同时，一线教师应努力在研究与实践中改变自我，认真备课，细心指导，实施精准教学，使自己的“教”与学生的“学”以及对学生的“评”保持一致，明确自己为什么教、教什么、教到什么程度，从而形成一套具体可执行的教学方案，在广大一线教师之间传播、交流和推广。这是对新课标最有益的补充。

一线教师的“可为”指的是：在具体的教学实践中，教师能从哪些方面进行实践；能结合日常工作，从哪些小的切口融入，进行对新课标的研究。我认为，从以下三个方面入手，一线教师是大有可为的。

一是在日常每一节课的教学中，做到精致与务实。一线教师最大的优势莫过于每日的课堂教学。在教学实践中落实新课标，将其中罗列的具体方法、条款、建议化为与学生的互动、交往，是一线教师实践新课标的最佳途径。

其实，只有将各项具体要求在实践中落实，新课标才算是真正在一线教学领域中落地。而且一线教师能做得极为丰富，做到很精致、很扎实、很有示范性。例如，新课标中3~4年级的“阅读与鉴赏”分项目标提出“初步学会默读，做到不出声，不指读”的要求。在面对一篇新课文时，教师可以具体指导学生怎么学习默读，指导学生纠正用手指读的习惯，提示学生在阅读时出声会降低阅读速度、影响思考。教师在学习新课标后，可以有意识地在日常实践中重视新要求，从而知其然并知其所以然，在教学实践中指导学生会更坚定、更有效、更细致，由此学生的发展也就更有保障。

再如，新课标中提出第二学段（3~4年级）“能联系上下文，理解词句的意思”的要求。在教学中，如何让学生联系上下文去理解？教师可以结合具体的课例，不断引导学生去实践这一方法。在“联系”的方法、过程中多演示、多操作，让学生在实践中掌握方法，而不是简单丢给学生一句口号却不进行任何指导。

日常教学中的各方面，都是落实新课标的阵地。一线教师可以在对这一阵地的固守中让教学更精准，使每一次扎实的教学指导都成为学生发展进步的阶梯。

二是在参与教研与培训中吸收与转化。一线教师落实新课程标准的一个切入点就是注重参加各级各类的教研活动以及教研培训。例如，学校教研组、备课团队组织的教研活动，区域教研部门组织的培训，自己在网络学习中的自觉学习，等等。教师可以通过多种渠道、多种方式努力提升自己。

本次修订，在课程实施部分专门列出了对“教学研究与教师培训”的具体要求，提出了教师应该坚持终身学习，坚持提升专业素养，努力提高教研水平，才能适应时代要求的观点。可见，每位一线教师既是教学实践的操练者，又是教学问题的研究者，还是教学问题的解决者。在教学实践与研究中，教师可以努力吸收新课标中的新理念，从而转化为自己的教学实践。从吸收到转化的过程，能够让教师的教学行为变得越来越理性，让教学设计越来越科学，让学生的发展越来越有章可循。教师以学理指导自己的行为，将感性与理性有机融合，一线教学将更有助于学生核心素养的全面提升。

三是在富有时代特质的实践中创新与探索。新课标面向我国发展关键的第二个百年奋斗目标，它将伴随着每一位教师在新时代的成长。教师可以在富有时代精神的各种实践中和学生一起培养创新精神，在全新的教学领域探索中获得生长。

例如，新课标在评价建议中提出要关注学生校内外个人生活和社会发展中的热点问题，要设计主题考察、跨媒介创意表达等多种类型的作业。教师可以努力尝试、吸收更加开放、多元、先进的理念，在作业设计中设计出更具有创新精神和挑战意味的创意作业，从而一改过往机械重复式的作业或惩罚式的作业使学生对学习失去兴趣的状况，使作业也成为语文学习的亮点。新课标颁布时为我国落实“双减”[①]政策的时代，减掉学生过重的学业负担，因此在作业设计与评价上，教师可以尝试更多的创新之举，从而既注重工具性，又注重人文性，实现学生在做中学、在实践中运用、在应用中提升的基本学习路径。

总之，一线教师应有强烈的使命感，在自己“应为”的方向上转变，在自己“可为”的具体事件中努力改变观念，科学地践行新课标，全心为提升学生的核心素养而努力。

① “双减”指减轻义务教育阶段学生过重的作业负担和校外培训负担。

# "双减"背景下，如何直面家庭作业的"三大问题"？

"双减"背景下，教师与父母都对家庭作业产生了焦虑。问题集中在家庭作业的设计、布置、评价等方面。有人甚至认为，应彻底废除家庭作业，模仿他国不留家庭作业的做法。其实，这些争议与"家庭作业是什么""家庭作业如何设计""家庭作业怎样布置"等问题未得到解答有关。

## 一、家庭作业是什么?

在《中国大百科全书·教育卷》中，作业被分为三类:（1）阅读作业，包括为预习或复习而阅读教科书，以及为扩大学生的知识领域、加深对教材的理解而阅读参考书等。（2）口头和书面作业，包括熟读、背诵、复述、书面回答问题、演算习题、绘制图表、作文及其他创造性作业等。（3）实际活动作业，包括实习、实验、观察、测量和制作标本模型等。[①]

可见，作业并不都是"刷题"，可以是形式多样的活动，也可以如克伯屈说的"以主题或项目为中心进行设计，打破单科教学体系"，实行以项目统整的学习活动组合。

美国学者洛林·W.安德森所著的《提高教师教学效能》一书中，对作业有如下描述：学习任务大部分是由教师分配的，所以每

① 储名方.对作业有效设计与评价思想的再认识[D].上海：华东师范大学中文系，2010.

项任务通常被称为“作业”（assignment）。我们更喜欢“任务”（task）这个术语，因为任务的概念赋予了指定活动的目的。[①]基于他的研究，可以得到这样的“等式”：

任务 = 布置的作业 + 特定的目的

对于学生来说，“任务”通常是指要为问题提供答案——“为什么要完成这个任务？”所以，作业从诞生起就携带着“答案呈现”的基因。同时，完成作业还会带来意外的惊喜——产生多个结果，实现不同的目的。安德森举例说，假设向学生出示了一幅人体肌肉系统图解，并要求学生标示出每一块肌肉，那么，这项任务的目的是什么？这么做是为了通过一些考试，还是为了完成骨科医师的实习任务，抑或为了其他目的？虽然只有一个作业，但还是有多个目的。

英国学者格里・切尔尼亚夫斯基与沃伦・基德合著的《作业设计 300 妙招》，对作业做了学术化的界定——导向学习的评估的基本工具。[②]这样的界定如同对作业进行透视，之后将显影予以素描，作业的属性更加清晰：

**1. 布置家庭作业的重要意图是“导向学习”**

这是作业布置与完成的总目标，即无论作业如何形式多样、充满梦幻，完成过程裹挟多少创意、激发多少好奇心，其最终的归宿都指向学习，都是将学生引导到学习的路径上。这样的导向让作业更具备课程的属性，让完成作业的行为更有价值。

**2. 作业的设计与执行就是一种“评估”**

无论学生完成的情况如何，作业都不再是教师对其进行指责、

① 洛林・W. 安德森 . 提高教师教学效能 [M]. 杜丹丹，译 . 福州：福建教育出版社，2018.
② 格里・切尔尼亚夫斯基，沃伦·基德 . 作业设计 300 妙招 [M]. 李敏，杨全印，译 . 上海：上海教育出版社，2020.

批评的凭据，而是对学习情况直观的反馈与对评估的佐证。在作业中表现出来的状态，就是最真实的学情。这是极具表现性的——在生活环境中展开，运用课堂中学得的知识解决问题或创造新事物。因此，家庭作业的评估功能能检测学生对知识与技能的掌握程度，能测量出学生实践与解决问题的复杂能力。

“导向学习的评估”中，评估要有助于促进学生的学习，且评估可以发生在学习过程的所有阶段，让学生在任何时候都知道他们需要学习什么。作业作为“导向学习的评估”则侧重于在学生初步学习之后，教师和学生一起理解、考量“核心知识与技能的掌握情况”。

### 3. 作业是一种“工具”

“工具”是为达到某一目的、完成某一任务使用的手段。可见，作业是为了达成学习目标，并对学习效果进行评估的手段、方式。从这个角度看，任何一个学科作业的完成，在学科教学视域中都是必需的。作业完成，促成了评价系统、执教系统以及学习系统的融合，实现教、学、评一体化。

基于以上分析，可以去除无意义的争论，诸如“家庭作业是否有存在的必要”“家庭作业是导致学生厌学的罪魁祸首吗”“‘双减’后还要布置家庭作业吗”等，同时可以让人重新认识家庭作业的存在价值——家庭作业与学科课程的内容有所呼应，与课堂学习息息相关，是统一于学习目标之下的学习项目之一，也是有助于学习任务完成的重要手段与途径。

## 二、家庭作业如何设计?

这里以小学语文学科为例，借助我的研究团队共同研制的“大语文创意作业设计”，介绍如何在家庭作业设计中落实“做中学”的理念，让学生在家庭作业中指向学习目标，实现全面发展。

“大语文创意作业设计”让作业作为评估的工具，推动学生全面进步，且呈现阶梯式的发展。其基本设计逻辑是：第一学段（1~2年级），注重阅读与亲近自然；第二学段（3~4年级），注重阅读与亲近科学；第三学段（5~6年级），注重阅读与亲近艺术。

在三个学段的设计中，低年级的“自然”主题作业使人更加纯真、和谐；中年级的“科学”主题作业使人更富有理性和实践性，具有实证精神；高年级的“艺术”主题作业则使人的品位更加高雅，眼界更加宽广。同时，三个学段都加强了阅读这一关键的作业，这不是“负担”，而是必需的“承担”。

每一份作业都按照“做中学”的结构进行设计，即先进入最具创意的“活动过程”，之后结合活动体验，进入“学习过程”，完成相关的作业。“活动过程”匹配上文所述的基本方向；“学习过程”则是遵循新课标对不同学段的学习目标而设计的，同时我们参考了布卢姆的教育目标分类学中的“认知层级分类”理论，对完成作业进行了不同层级的设定。这样的设计理念，不让作业出现重复训练、徘徊在低级层面的状态。同时，学生在运用知识解决不同问题的过程中，各环节有整体性的联通，有助于他们将新知识融入原有的认知体系。“学习过程”和“活动过程”紧密配合，学生在真实的情境中创造性地解决了问题，在过程中不断调用元认知策略对学习进行调控。希望完成这样的作业系统后，更多学生可以达到“专家学习”的程度。

## 三、家庭作业怎样布置？

以下介绍“大语文创意作业设计”在布置时的三个要点：“范例

提供”“框架设定”“‘支架’搭建”。这三个要点让作业布置后更容易执行，更有助于产生效果，能让“做中学”的理念落地。

**1. 范例提供**

布置一道家庭作业，要给学生带来可执行的安全体验。这是非常重要的良好开端的建设。研制组强调给学生提供范例，让学生借助范例顺利完成，消除面对作业时的紧张感。范例可以多样化，教师可以为学生提供阅读材料、完成的样本、操作的演示等，避免学生盯着满纸的任务无从下手。

例如在“点亮小灯泡”的活动环节，研制组为活动设计了步骤指引，并配了情境图（图 1-1），让学生按部就班执行操作:（1）准备 1 节 1 号电池、1 个小灯泡、2 根导线。（2）用一根导线将电池的正极（+）和小灯泡尾部相连。（3）再用另一根导线将电池的负极（-）和小灯泡侧面的连接点相连。

图 1-1 “点亮小灯泡”活动情境图

**2. 框架设定**

框架指的是完成作业时给定的基本模型，也可以是将较大的任务切分为小的模块进行执行。框架辅助学生在完成作业中优先建模，之后再根据模型中的序列完成，从而降低了学习的难度，减轻了负担。特别是在写作部分，给予写作框架，提供写的序列、模板，能帮助学生快速整理思想，组织文字，顺利完成作业。

例如在“点亮小灯泡”的写作任务环节，研制组就做了如下设计，提供了写作框架。

在仔细观察，动手做一做小灯泡发亮的实验后写一写，将实验的过程写清楚。你可以这样来记录：

◎实验前，你做了什么准备？

◎实验中，你是怎么做的？你遇到了哪些困难？你是如何解决的？

◎实验后，你明白的电路工作原理是什么呢？你有什么想法和感受？

根据这些问题，把实验写清楚，还可以写一写自己当时的心情。写完之后，读给爸爸妈妈听一听，看看哪里不通顺还可以改一改。

相信有了这样的框架引领，学生在完成“写下实验过程”这一作业时，不会因为无从下手而备感慌乱。

**3.“支架”搭建**

“支架”就是支撑。设计中提供支持，学生就能步步攀登。学生在完成作业时遇到困难，如果不能及时得到帮助，也许就会放弃；反之，得到支持就能不断提升。

例如“点亮小灯泡”的学习活动中，设计者提供了短文《爱迪生的重大发明》（选自杜金峰、刘杰《电的传奇》，有改动），进行辅助理解。学生阅读之后，还可借助两道题目进行巩固：

◎形成解释。短文中讲到的爱迪生成功的关键是什么？

◎创意运用。如果你是短文中的那个“碳丝灯泡”，回忆你诞生的过程，你会对爱迪生说些什么呢？

在回答后，设计者还推荐阅读两本书：《漫画数字电路》（科学出版社，2021 年版）和《电的传奇》（上海科学普及出版社，2013 年版）。这些“支架”的搭建，无不指向辅助学生完成作业，实现认知升级。

最后，需要提醒的是，家庭作业的设计和布置，应记住以下三点。

第一，具体明晰地指出应该做什么、如何去做，而不是泛泛而谈，含糊不清。

第二，针对做的结果，要有测量、评价跟进，不能不了了之。

第三，作业的完成要具备条件，有可能性，也有挑战性，不能不顾实际、异想天开而任意布置。例如，“点亮小灯泡”的活动过程中，研制组就提出活动项目为“点亮小灯泡”；活动场所为“室内”；活动的时长为“20 分钟”；活动的准备材料为“1 节 1 号电池、1 个小灯泡、2 根导线”。这样的布置与设计，让活动真实可行，为完成作业奠定了基础。

在“双减”背景下，科学地设计、布置、落实家庭作业，使作业具有充分发挥实践的功能，可以为学习注入强劲的助推力。

# “双减”后的学期末，到底“怎么考”？

“双减”后，一个绕不过去的话题重新浮出水面——学期末到底怎么考核学生？

全学期落实“双减”政策后，期末测试卷如何出？怎么评价本学期的学习效果？如果借助评价，如何提供下一个学期的教学改进策略？这些问题都非常棘手。

在美国教师埃伦·韦伯所著的《怎样评价学生才有效：促进学习的多元化评价策略》中，有这样一个有趣的故事①：

假设我们设计一种包括“跳”“飞”“啄”“挖”四门核心课程的课程体系，要求每种低等动物都必须学习这四门核心课程……

鹿在跳越栅栏一科取得的成绩是“A+”，在“飞”和“啄”这两科的考试中不及格。老鹰用低飞的方式通过了“跳”的考试，在“飞”的考试中获得了高分，却在“啄”的考试中啄断了自己的喙，在“挖”的考试中损伤了自己的爪子。可以想见，松鼠本来在“挖”和“跳”方面是非常厉害的，但在“啄”的方面不可能做到像啄木鸟一样轻松自如，结果……没有通过“啄”和“飞”的考试。

表现最优秀的则要数农家院子里的小鸡了。它在“跳”的考试中得了“A”的好成绩，在“飞”“啄”和“挖”的考试中也取得了很高的分数。如此一来，这只普普通通的小鸡理所当然地成了考试的第一

① Ellen Weber. 怎样评价学生才有效：促进学习的多元化评价策略 [M]. 陶志琼，译 . 北京：中国轻工业出版社，2016.

名，而鹿、松鼠和老鹰都失败了，有可能它们由于自己羞于启齿的成绩而深受打击，从此一蹶不振。

传统考试的命题，覆盖面广，大而全。“双减”政策落地后，小学命题测试的探索不断，在出题上走“标准化”发展之路。标准化的测试一贯被认为是能激发学生学习动力，提高学习成绩的考查方法，并且命题也越来越严谨、规范——瞄准知识点精准考查，指向学生在常规课程学习中的水平，有意促进学生智能的全面发展。同时不少地区的标准化命题测试参考国际评价的改革成果，试图在认知层级上做区分，在真实能力上做检测。

理想的圆满必须经过现实的考验——期末了，各学校独立命题的期末试卷，也许在难度与区分度上不敢做较大的“动作”，以免伤及全体。特别是“双减”政策落地后，日常考试减少，结果就是学生答题经验“少”，应对题型的方法策略“无”，答题的能力“弱”——请注意，答题能力不是和其他能力协同发展的，它是一种专项能力。基于这一方面，即便是“标准化”命制，试题可能也是不温不火的。

考得全，难度不大，很可能出现“小鸡”获得了最优的成绩，而老鹰、松鼠、小鹿等具有特长的学生无用武之地。也许是早有担忧，所以多元智能理论的提出者加德纳才说，除非把评价放在真实的领域和社会环境中进行，否则人们就会质疑评价是否能够准确地体现人类的智能表现。

认识到问题后，随之而来的应急方法可能是更加野蛮的，也许会让之前的“减除”在短期内以病毒的模式繁殖。在这个时刻，有人可能会大声疾呼：还来得及，让剩下的一个月为考试而教。

的确，这样的主张很容易被固守旧思想的教师接受，似乎没有理由能质疑“为考试而教”。即便“双减”政策落地，考试也不是全面取消。“为考试而教”之所以备受推崇，和教师对教学与考试之间的简单推论有较大关联：教的目的就是会考；教了不会考，等于白教；教得好，考试必定好。如今要考，就让我们为考试而教。

为考试而教，教学又将异化为瞄准一个又一个的训练点，割裂学科系统的完整性，针对细小的局部，反复练习。其实，这样的策略更是让所有小动物都成为“小鸡”。在《中小学表现性评价的理论与技术》一书中，周文叶为我们揭开了“为考试而教”存在的根源——传统纸笔测验产生的教学逻辑。“为考试而教”的主张，建立在“当概念和观点被分解成较小的成分时，教和学最为有效”① 的基本认识上。这种想法认为“每道试题检测的是一个孤立的知识点”，学习中不要过多涉及“综合应用多种知识来解决真实问题”的能力。

一切和考试无关的信息被排除了，就像脱水蔬菜，有蔬菜的样子，吃起来是饼干的味道。

考卷出成什么样，实在无法统一，各校各地各自命题，没有一张试卷能让大家满意。在期末考试开始之前，教师依然可以针对评价进行思考。评价中涉及的谁（who）、什么（what）、为什么（why）、什么时间（when）、怎样（how）和哪里（where）六要素，是否能带来测试中“质”的改变？

参考艾伦·韦伯的框架，针对评价的六要素，我提出如下思考路径。

## 一、“谁”的问题

### 1. 谁将从评价中受益？

① 周文叶. 中小学表现性评价的理论与技术 [M]. 上海：华东师范大学出版社，2014.

（1）评价具体体现了谁的观点？

（2）是否能给学生提供学情的反馈？

（3）是否确认了他们的强项？

（4）是否能帮助教师改进教学方式？

**2. 谁会收到有关结果的信息？**

（1）怎样发布评价结果？

（2）如何传递结果信息？

**3. 谁将对评价进行总的协调？**

（1）建立怎样的校内评价指导机构？

（2）建立怎样的评价研制团队？

（3）建立怎样的评价标准审定组织？

## 二、“什么”的问题

**1. 评价的形式是什么？**

（1）是终结性评价还是过程性评价？

（2）是人测还是机测？

（3）是面对群体还是针对个人？

**2. 评价的真实目的是什么？**

（1）是对学习结果测评吗？

（2）是对教师工作评估吗？

（3）是为本学期教学做总体认定吗？

**3. 评价和学习之间存在着什么样的关系？**

（1）评价如何适应学生的发展？

（2）对今后的学习活动有促进作用吗？

## 三、“为什么”的问题

**1. 为什么要实施评价？**

（1）评价是学校决定的，还是教师个人决定的？

（2）家长对评价目标的认识是什么？

（3）学生对评价目标的认识是什么？

**2. 为什么选择这种评价方式？**

（1）是否可以尝试更多的评价方式？

（2）是否有更好的方式？

## 四、“什么时间”的问题

**1. 为什么选择特定的评价时间？**

（1）评价是否有事先的计划？

（2）是否提供了足够的准备时间？

**2. 是否在细节上做到最优化？**

（1）是否预告评价具体实施的时间？

（2）是否在评价前给足学生准备的时间？

（3）是否在两次评价中有足够的准备时间？

（4）评价实施的时长是否合理？

## 五、“怎样”的问题

**1. 怎样确定评价规则？**

（1）是否要对评价规则进行测试和评价？

（2）是否让学生明确评价规则？

（3）是否让学生参与制订规则？

（4）家长是否知道评价规则？

**2. 评价与学习任务有怎样的联系？**

（1）规则是否有助于学生参与评价后的进步？

（2）评价是否反映了学习方法中的真实状况？

（3）评价是学习的拓展部分还是完整学习的构成部分？

**3. 怎样汇报评价结果？**

（1）是否使用等级符号来表示成绩？

（2）是否提供具体数字等级？

（3）是否形成评价工作简报？

（4）是否向家长汇报评价结果？

（5）是否听取学生、家长、教师对结果的看法？

（6）这些方法怎样鼓励学生成为一个终身学习者？

## 六、“哪里”的问题

**1. 评价从哪里开始？**

（1）如何设定评价所覆盖的学习区间？

（2）如何让评价与教学衔接？

**2. 评价在哪里进行？**

（1）在教室等特定的场所还是在有控制的条件下进行？

（2）学生可以在家中完成吗？

**3. 评价结果汇报到哪里？**

（1）是否给校长报送？

（2）是否只提供给学生？

（3）是否填写在成长档案袋中？

（4）家长是否得知结果？

（5）同伴是否会看到这些结果？

（6）是否向全班学生公布所有的结果？

以上是思考的过程，并没有具体提供命制的方案。“双减”政策并非全面取消考试。评价更是教学中不可或缺的重要环节，也影响着教学改革的成效，或者是起到“颠覆性”的作用。无论如何，思考不能停。

期末考将至，这一场各校都在筹备的评价考试，将是提交给“双减”政策最真实的答卷。

# “双减”后的周末，“出去疯”还是“家里蹲”？

“双减”后的周末，“出去疯”还是“家里蹲”？

答案非常明确——“出去疯”。

理由也很充分：首先，“出去疯”才有可能强身健体，体力是身体和学习强有力的支撑；其次，“出去疯”更重要的是感受自然，让大自然成为学生最亲近的好老师；再次，“出去疯”还有一个重要目的，即让学生融入社会，体验风物人情。

这是儿童应有的“浪漫”，也是人成长的必经阶段。英国哲学家怀特海在他的《教育的目的》演讲中，早就为我们划定了12岁之前的“浪漫阶段”。“双减”政策落地后，社会和自然成为一种全新的学校样态，学生从反复的机械“刷题”和为考试而学的旋涡中解脱出来，使我们未来需要的接班人健康成长。

未来，国家建设更需要的是健康、健全、健美的人。如果成长后学生依然四肢无力、头脑发达，就难以更好地实现人生目标；如果成长后学生只能够解题，而不能应用，就难以承担重任；如果成长后学生非常冷漠、自私，不能体察人间冷暖，就难以与人合作，共创未来。

在基础教育阶段，释放学生应有的生活空间，能带领学生感受多姿多彩的世界，让自然成为神奇的教育力量，使学生在更多渠道获得成长。所以，“双减”后的周末，请不要再对“刷题”恋恋不舍，让学生“出去疯”。

这里的“疯”，专指让人着迷的实践活动。这里的“出去”利用的就是周末时间，有两个含义：其一，尽可能在户外活动；其二，让父母与子女协同出行。“出去疯”成为我们设想中真正的“大语文”教育新生态。

要知道“双减”之前，不少家庭中父母和子女相处的时间被挤占，相互成了家中的“陌生人”。如今一起“出去疯”，就是让父母和子女一起感受生活中的亲情。

我的研究团队为不同年级提供了不同的活动指南。“大语文创意作业”的设计系统中，周末的创意是分阶段进行的。

低年级：指向对自然的感受，让学生走进果园、山中，来到小溪边、沙地上，仰望星空，观望小鱼，凝视远山与白云，让自然调和与温润学生的童心，使他们感受到生活的美好。

中年级：更注重科学，让学生能够在一个个有趣的小实验中体会科学的奥秘，开启探索之旅，发现文明历程中一个又一个曾经的奇迹。这可能是当代小学生最缺乏的素养，也正是未来建设者与接班人最需要的素质。我们建议语文老师在科学素养的培植上要有国际视野，有格局与情怀，让学科融合在中年级成为学习的主要方式。

高年级：学生长大了，变得沉默、稳重、深刻了。于是这个时候，我们推荐的是艺术修养，让学生更多地感受音乐、舞蹈、绘画、民间艺术，以及各种不同的文明样态，让学生更多地走进博物馆、音乐厅、艺术画廊……与人类最精彩的表达形式相伴。

例如，我们为三、四年级学生设计的“树叶也会‘出汗’吗”这一活动，就是这样的“出去疯”。

## 树叶也会“出汗”吗

在炎热的夏天或是运动完后，我们常大汗淋漓。如果我告诉你树叶也会“出汗”，你信吗？来，咱们做个小实验，验证一下。

【活动过程】

**活动项目：**树叶也会“出汗”吗

**活动场所：**小区

**活动时长：**约 1 小时

**天气要求：**建议选晴天的中午

**实验准备：**2 个未使用过的塑料袋、几根细绳子、1 杯热水

**实验过程：**

第一步：将一个塑料袋套在光秃秃的植物上，将另一个塑料袋套住枝叶茂密的植物，分别将袋口扎紧（图 1–2）。

图 1–2 第一步 给植物套塑料袋

第二步：1 小时后，查看两个袋子中的植物是否“出汗”（图 1–3）。

图 1-3　第二步　查看植物是否“出汗”

第三步：取一片叶子，放入一杯热水中，观察有什么现象产生（图 1-4）。

图 1-4　第三步　将叶子放入热水中

**活动流程：**

对比观察两个袋子的内壁产生了什么现象。

↓

取一片新鲜叶子放入热水中，看一看叶片上有什么变化。

↓

结合观察到的结果想一想：叶子为什么会“流汗”？查资料来证明你的推测。

【学习过程】

**学习目标：**

能参与并观察植物“出汗”的实验过程；

能探究并了解植物蒸腾作用的奥秘；

能使用书面和口头语言表达观察所得。

**学习项目：**

**项目一：阅读与鉴赏**

原来，植物“出汗”是在进行蒸腾作用啊。关于植物的蒸腾，你可以了解得更多，请阅读下面两篇材料。

[**材料一**]

**我是一棵会蒸腾的小树**

文 / 辰溪　图 / 小茉

我是一棵小树，一生需要喝大量的水。这些水仅有很少一部分供我生长发育，多余的水去哪里了呢？人类会流汗、流泪……我自然也有自己的方式，蒸腾便是我排水的主要方式。

什么是蒸腾？水分从我表面以水蒸气的状态散到大气中的过程就叫蒸腾。这与物理学的蒸发不同。它不仅受外界环境的影响，而且受我的调节和控制。比如我喝得太饱时会加速蒸腾，缺水时就会减少蒸腾，因此它是一种复杂的生理过程（图 1–5）。

图 1–5　会蒸腾的小树（1）

从日出到下午两点前后，是我最忙碌的时候，蒸腾作用会随着光照的增强而逐渐增强。下午两点以后，光照逐渐减弱，这时我对水分的需求也逐渐减少，便慢慢关闭我的小气孔；日落后，蒸腾作用降到最低。

小朋友，蒸腾好比是水分在我体内做了一次旅行，它的路线是这样的：土壤中的水分经由根毛、根内导管、茎内导管、叶内导管行至气孔，最后散发到大气中。水分的蒸发能带走我体内的温度，因此在高温状态下蒸腾能帮助我降温（图 1-6）。瞧，我天生自带“空调”，真是太厉害了。蒸腾作用还能促进我对水分和无机盐的吸收与运输。这些都是我生长的必需物质。我和伙伴们手拉手一起努力蒸腾时，就能为大气提供大量的水蒸气，使当地空气湿润、雨水充沛，降低大气温度，从而调节气候。所以，人们还称我为“天然空气加湿器”。

图 1-6 会蒸腾的小树（2）

小朋友们，我是一棵会蒸腾的小树，你记住了吗？

**[ 材料二 ]**

## 大漠求生

文 / 木棉

水是生命之源。没有水，人类连三天都挨不过。在大漠中，遭遇缺水怎么办呢？阅读下面的故事片段，思考旅行家是怎么收集到水的。

场景：大漠

人物：旅行家

一个旅行家行至大漠深处，飞沙茫茫，骄阳似火，随身携带的最后一滴水早已饮尽。他口干舌燥，嘴唇生出一层层死皮，裂开一道道血红的口子。为了最大限度地保持身体里的水分，他不得不尽量降低呼吸频率。如果再找不到水源，他将走不出这片大漠。上天似乎对顽强求生者更为眷顾。此时，他突然望见前方有一丛绿色。他欣喜若狂地奔向这些不知名的小植物。他并没有直接嚼食，而是从行囊中取出一个塑料袋，将它套在植物的枝叶上，扎紧出口。大漠的阳光一点一点炙烤着，腕表上的秒针嘀嗒嘀嗒地往前走，吹起了生命接力的号角。旅行家目不转睛地注视着，袋中慢慢变得水汽蒙蒙。半小时后，他解开袋口，只见袋子内壁布满了一层水珠，晶亮、甘甜……

1. 获取信息。阅读材料一，在图 1–7 中标出植物蒸腾过程中的“水分旅行”路线。

图 1–7　标示“水分旅行”路线

2. 分析运用。小泽为了验证植物的蒸腾作用，做了如图 1–8 的举动。该做法有何不妥？

图 1–8　小泽的做法

3. 分析表达。根据材料二，请思考：是植物的什么作用帮助旅行家得到了水？你可以预测一下故事的结局吗？把这个故事和父母说一说。

**阅读推荐：**

《奇妙的植物世界》（广西科学技术出版社，2010 年版）

**项目二：表达与交际**

1. 在仔细观察“叶片出汗”实验后，将实验的过程写清楚。

你可以按以下思路来记录：

实验前，你做了哪些准备，对结果有预测吗？

实验中，看到其中一个塑料袋的内壁上挂满水珠时，你产生了哪些疑问？将叶片放入热水中，你观察到的气泡是怎么回事？它和植物的“出汗”有什么关联？

实验后，你和父母是怎样讨论并查证的？阅读上面两篇材料，你有何感触？可以把它一起简单地写下来。

写完之后，读给爸爸妈妈听一听，看看哪里不通顺，再改一改。

2. 说一说。将这个有趣的实验过程介绍给朋友，和朋友一起试一试。

**项目三：梳理与探究**

1. 尝试根据文中的知识解释下面的生活现象：为什么园林工人在移植树木时要剪掉一部分枝叶？

2. 蒸腾作用使植物内部充满了水，对一些不单独喝水的动物也有帮助。你知道这是为什么吗？查一查资料，继续探究吧！

**字词补给站：**

积累下面形容缺水的词语。

口干舌燥、焦渴难忍、口舌生烟、饥渴难耐

唇焦口燥、喉焦唇干、口渴难耐、渴骥奔泉

实验大揭秘：

小朋友们，植物从土中吸收的水分，从根部沿导管向茎、叶输送，经叶片表面分布的大量微小气孔向空气中释放，以水蒸气的形式散发到体外，这就是植物的蒸腾。当植物被塑料袋套上，散发的水蒸气遇到塑料袋时，由于塑料袋的温度较低，水汽便会凝结成小水珠。

我们相信，这样的引导对学生的成长是极有益处的，学科融合视野下的大语文学习是学生未来发展中不能缺少的课程。

当然，“出去疯”很容易让人产生误解——难道周末就要疲于奔命？不，“出去疯”要和“家里蹲”相融合。在学生走出户外充分实践之后，我们也希望他们回到家中后能在父母的陪伴与引导下，静下心来，平稳情绪，沉着而投入地将所见所闻、所思所想进行总结与梳理，让反思与沉淀成为学习的常态。

实践之后，语文学科的听、说、读、写四大能力，就与之前的活动体验相结合，让学生的语文学习水平得到真正提升。这就是“大语文创意作业设计”的基本内核。其实，这也正是美国学者杜威先生最早提出的“从做中学”。学生在充分实践后，在投入的学习中，在切身的体验里，进行自我反思与总结，将所学的知识与亲身感受、个人实践内化为个体的全新经验。

“大语文创意作业设计”为学生打通了一个新的学习路径，建设了一种能够自我提升的自由学习模式。相信这样的学习对学生是最有益的，可以成为“双减”政策之后周末的全新学习样态。

# “双减”后的“复习季”，不能在“刷题”中沦陷，该如何做呢？

“双减”政策落地后的“复习季”，该如何度过？

以前这个时候，不少学生与教师受“为考而教，为考而学”的影响，卷入漫无边际的“刷题苦海”中。“双减”政策的落地，让大家逐渐明确了学习的意义，“考好”不再是证明学习优秀的唯一指标。

随之而来的问题是，大家突然间不知道该做什么才好。曾经拼命“刷题”的季节，如今无题可“刷”，到底该干些啥？两手空空、心跳怦怦、心慌意乱的感觉随即而生。

要知道如何复习，先明确“行动的目的”。理解了学习的本质，才知道如何学更有助于提升，才知道到底可以怎么复习。

学习科学研究者认为，学习是把各种经验转换成知识——说起来简单，其实这样的转换是需要条件的。不是所有的经验都能引发学习，除非我们能进行反思性实践。反思性实践，是复习阶段最重要的事。反思的要点由以下四个过程组成:（1）联结，把新知识与自己的经验结合起来。（2）整合，寻找知识之间的联系。（3）确认，确定已经获得的观点和情感的真实性。（4）内化，将知识内化为自己的能力。

《思想者》的作者查尔斯·汉迪认为，“知识虽然是基础，但随时可以抛弃”，要学会将推理应用于个人生活。他强调，存储起来的知识很快就发霉了，等你需要的时候，它多半已经消失了。我们都知道，学语言的时候，一学完就得赶紧用。其他东西也一样。

可见，科学的复习要注重关联、整合，做好知识的内化。这样不仅能让获取的知识得到巩固，还能发展应有的能力，同时也符合“双减”的精神主旨，不让“刷题”在“复习季”中回潮。

很容易理解的是，“双减”之后的“复习季”，练习是必要的，也是减不了的，关键看如何练才能减除不必要的负担。本文以小学语文学科为例，提供以下四条建议。

## 一、让关联与想象成为复习中最活跃的思维方式

关联与想象能带来学习品质的提升，在“复习季”，可以让这类思维更加活跃，更常涌现。教师鼓励学生将已学的内容做好关联，建立各个原本散落的知识点之间的相互关系。例如，带学生学习了“提升阅读速度”的策略后，可以给他们提供一些长文、陌生文，让他们运用策略进行练习，将学习到的知识与生活不断融合。

复习时，就让学过的“复活”——知识被看见，被用到——哪怕只是在心里想一想也行。

真不能小看想象，有时候，“想一想”是一种有效的学习。彼得·孔普在《如何高效阅读》中记载了这样一个实验：

将篮球队员随机分组，测试每个队员从某一点投篮的准确率。实验最有趣的部分就这样开始了。一半队员连续两周每天练习投篮 1 个小时；另一半两周内每天躺在床上 10 分钟，但不是单纯地躺在床上，还有简单的要求：想象自己投篮成功。两周期限结束时，两组都进行了测试。结果令人惊讶：进行实际练习的一组投篮的准确

率提高了 25%，进行想象练习的一组则提高了 24%。[①]

这个案例说明在脑海中想象实际上也是一种练习。心理学界也验证过“精神训练法”。1992 年，运动心理学家安妮·艾萨克要求参与实验的学生在 6 周内每天用 10 分钟时间学习蹦床，但每个人的训练方式不同。一些人练习 2.5 分钟，然后思考 5 分钟，再练习 2.5 分钟；另一部分参与者在那中间的 5 分钟里被强迫做数学题，这样他们就不能回忆之前训练的要领了。6 周后，利用 5 分钟思考的学生做蹦床动作比做数学题的学生好多了。[②]

脑科学家的深入研究揭示了原因：大脑在思考时和实际运动时的神经模式是相似的，最大的区别仅仅是肌肉是否参与了运动。可见，想象，或者是带着关联的想象，和实际做的效果几乎没有差别，也许更好。

“复习季”，就让关联与想象在我们的大脑与身体中践行吧！即便学生想得有些“离谱”也无妨，也许这就是高阶思维的最佳锻炼，也是最直接的呈现。

## 二、以勾选优质习题的方式，实施“少而精”的练习

我曾在微信公众号上发表《“双减”中，绝不能让“作业设计”成为教师的负担》一文，提议采用优质教辅资料进行勾选，建议大家在复习时，不要放着现成的优质资源不用，费力去另起炉灶。更关键的是，新的炉灶火不一定旺——由教师受命设计出来的，未必就足够合理、先进。所以，“复习季”的精准练习，希望教师能为学生精选习题，少而精地勾选后进行当堂练习。

要再次强调的是，勾选这一行为就是建设一种防御机制，让教

① 彼得·孔普．如何高效阅读 [M]. 张中良，译．北京：机械工业出版社，2015.
② 赵周．这样读书就够了 [M]. 北京：中央广播电视大学出版社，2012.

师通过勾选的动作提示自己不要随意布置，从而避免毫无准备地布置作业。

### 三、让“百字作文天天练”，成为练习的主流形式

“复习季”，练习是少不了的。如何练才能既符合“双减”政策，又保质增效呢？我提倡借助“百字作文天天练”，让复习与习惯养成相融合，让复习中的每一个知识点，都在“百字作文”的“检视”下显露出来。知识点被看见，更有助于被吸收、被运用。

请看“百字作文”中关于生字复习的案例。

#### 容易写错的生字“宝宝”

文 / 刘安雅

“哇！世界上有这么多汉字啊！”初学写字的孩子一定会这么惊呼。这些生字“宝宝”，有不少是人们常常写错的，今天，我就来介绍几个吧！

第一个是“严肃”的“肃”字。很多人会把下方的“左撇右点”写成“左点右撇”。大家千万要记清楚，严肃的时候眉头紧锁，就像“八”字一样；而且要特别注意，中间的竖要从上到下，也就是“一竖到底”哦！

第二个是“一应俱全”的“俱”字。一应俱全嘛，都齐全了，当然不能少一横：“具”中间是三个短横而不是两个哦！

第三个是“半晌”的“晌”字。“半晌”的意思是过了一会儿，随着时间推移太阳会下山，所以“晌”是日字旁，千万别写成了“响”。这个字和你的呐喊没有什么关系。

怎么样，熟悉这些生字“宝宝”了吗？下次别写错了哦！

以上“百字作文”案例，选自《何捷老师的百字作文系统》一书。[①] 书中介绍了其他借助“百字作文”进行复习的做法。使用“百字作文天天练”进行复习的班级，还可以持续一周撰写同主题“百字作文”，每天选择优秀的习作，粘贴在班级的习作角，让学生自由观看、评析，达到共同分享、共同进步的效果。最好的学习方法就是教会别人。这样的复习过程充满乐趣，同伴书写的提醒内容语言亲切、视角独特，比教师生硬讲解效果更好。

## 四、“复习季”没时间读书，怎么办？

很多人觉得“复习季”可以暂停阅读，因为“太消耗时间”。但这个特殊的时刻，更需要坚持阅读。如果学生实在觉得时间不够用，可以利用碎片化时间坚持阅读。

阿兰 · 拉金在《如何掌控自己的时间和生活》一书中写道，每个人只要利用每天等公交、出租车等流失的 10 分钟、15 分钟的时间，就能阅读大量内容。如果你能坚持，时间就能让你一步步实现庞大的阅读计划，比如阅读一部大著作。[②]

阅读后，学生可以简单借助“百字作文”写下些许感受，让阅读结果更快地内化。

莫提默 · J. 艾德勒、查尔斯 · 范多伦在《如何阅读一本书》中写道，买了一本书，就像是买了一项资产，和付钱买衣服或家具是一样的。但是就一本书来说，付钱购买的动作不过是真正拥有这本书的前奏而已；要真正完全拥有一本书，必须把这本书变成自己的

① 何捷 . 何捷老师的百字作文系统 [M]. 福州：福建教育出版社，2020.
② 阿兰 · 拉金 . 如何掌控自己的时间和生活 [M]. 刘祥亚，译 . 北京：北京联合出版公司，2015.

一部分，而最好的方法是写下来，也就是做笔记。[①]

对已经习惯做笔记的人来说，这不成问题。读书后，在空白处简单批注，可以表现出“在智力上对这本书的所有权”。当然，更好的方式是借助“百字作文”，写读后感：字数不多，要求不高，坚持就好。

“双减”后的“复习季”，不再沦陷于“刷题”，学习可以更有效、更高雅。

① 莫提默·J. 艾德勒，查尔斯·范多伦.如何阅读一本书[M].郝明义，朱衣，译.北京：商务印书馆，2019.

# “双减”后的作业设计，会成为教师全新的负担吗？

“双减”政策落地后，作业是多是少、如何设计，成为全新的焦点。

同时，必须道出的真相是，作业设计可能会成为一线教师全新的任务，或者说是全新的负担：已有的作业闲置不用，非要重新设计，教师只能眼睁睁看着纸张发黄、打卷儿。

从表面看，作业就是造成学生负担的罪魁祸首。“双减”政策就是直奔这一“祸首”而去的，从而实施“斩首行动”。实际上，必须还作业以清白。自从有了学习，就有了伴随学习的作业。只不过到了后来，作业因为精准瞄着“考试”，仅服务于巩固学科知识，成了为考试而不遗余力地重复的一种准备……作业确实沦为“负担”。

一线教师从未想到，曾经布置作业时的云淡风轻，变成了如今的必须谨慎小心；与此同时，“全民作业研制”的开启，让作业走向了自己的对立面。有人提议让学生参与作业设计，这绝对是个好设想，但随着每日课程的推进，能够跟上节奏的学生有多少？答案可想而知。

如何让作业回归应有的位置？如何让大家正确认识作业？教师与学生双方都要明确“在作业上，我能主导的是什么”，这是认识作业，同时减轻作业负担的前提。

首先，对于作业，教师能主导的有五个方面。

第一，作业的频率。多长时间做一次作业？

第二，作业的时长。每次作业做多久？

第三，作业的难度。作业是指向舒适区、学习区，还是恐慌区？这三个区是学习心理学上的划分，由美国学者诺尔·迪奇提出。舒适区，是一看就会，不做也会的范围；学习区，就是大家熟悉的“最近发展区”；恐慌区，就是“抓破脑袋也不会的”范围。

第四，作业的容量。每次作业容量有多少？

第五，作业的反馈。每次作业怎么批改？给等级、打分数，或者是“面批”？很多人觉得“面批”是最好的形式，而方臻与夏雪梅在《作业设计：基于学生心理机制的学习反馈》一书中，却记录了在上海一次调研的结果——学生最反感的就是“面批”。因为“面批”让人“没面子”。①

其次，对于学生来说，他们和作业产生三种关联。

第一种，有没有。学生完成作业后，有没有获得提升？

第二种，爱不爱。学生爱不爱作业，会不会形成不断延绵的潜力？

第三种，能不能。学生能不能经过作业实现认知升级，实现核心素养的发展？

从教师与学生两方面认清关系，有助于我们做好作业设计的优化。如果忽视这一前提就开始大张旗鼓地搞设计，就如同一首歌中唱的一样：“你伤害了我，还一笑而过。”也许教师辛辛苦苦设计作业，带来的反而是师生共同的负担。为此，我提出如下关于作业设计的基本框架。

① 方臻，夏雪梅．作业设计：基于学生心理机制的学习反馈 [M]. 北京：教育科学出版社，2014.

## 一、常规作业设计

常规作业设计，采用习惯养成与基础练习相结合的布局。

### 1. 习惯养成

所谓习惯养成，是指每天都要完成的作业。以小学语文学科为例，学生每日应进行“百字作文”的练笔。关于“百字作文”，《何捷老师的百字作文系统》与《百字作文的神奇魔力》两本书中有详细介绍。“百字作文”短小、精悍，意在养成习惯。

此外，还有听读与自读两个习惯必须坚持。读书，即便占用时间，也必须每日进行。这不是“负担”，而是必需的“承担”。《作业设计：基于学生心理机制的学习反馈》一书中的调查显示：学生热爱听读或自读的，达到了 100%。

可见，坚持每日听读、自读就是完成习惯养成这一作业的“底线”。当然，这需要消耗时间，但学习时光不就是用来做自己喜欢的、有意义的事吗?

### 2. 基础练习

所谓基础练习，是指课程学习后的针对知识与能力的巩固性作业。目前，这就是教师的心病，因为大部分地区要求教师“重新设计”。

其实，这一类作业不必另行设计，教师可以采用优质教辅资料进行勾选。不要放着优质资源不用，费力去另起炉灶。

设计并布置以上两类作业，对于教师而言，应该不是负担；对于学生来说，这两类作业则是应当承担的。“减负”，减除的是不必要的、过重的负担。

## 二、周末的“大语文创意作业设计”

学生周末到底要不要做作业？当然要，只是他们需要做有创意的作业。有创意不是一味求新求变，而是让周末作业能融合学科知识，打通学科壁垒，实现项目整合。

毕竟，周末除了有休息、娱乐，还有学习。

美国学者库珀经过调查，得出研究结论：1~3 年级的学生，每周需有 1~3 项课外作业，作业时间控制在 45 分钟左右；4~6 年级的学生，每周需有 2~4 项课外作业，作业时间控制在 60~180 分钟；7~9 年级的学生，每周需有 3~5 项课外作业，作业时间控制在 235~385 分钟；10~12 年级的学生，每周需有 4~5 项课外作业，作业时间控制在 385~650 分钟①。

可见，周末完成创意作业，是需要时间保障的。创意作业谁来设计？除了教师还有谁？当然不能推给父母。因为这样的创意，是专业化、科学性、趣味度并举的。教师的专业素养，要在这一份作业中得到体现。学生完成这样的创意作业，应该出现这样的效果：得到有效的提升，爱上这样的作业，得到素养的发展。

“双减”政策规定，小学一、二年级不留家庭书面作业。请看我的研究团队在“大语文创意作业设计”中，为一、二年级推送的项目式学习范例——“黑夜观‘宝’”。事先说明：设计者是一线教师。他们不是被迫设计的，而是在团队的研究与学习行动中，带着对创意作业设计的热爱而主动参与的。这样设计出来的作业，才能去除“怨气”，天然携带专业的素养与教育的温情。

---

① Cooper， Valentine. Using Research to Answer Practical Questions about Homework [J]. Educational Psychologist, 2001, 36(3).

## 黑夜观“宝”

天空中的月亮那么可爱，那么淘气，每当黑夜来临时，才有可能和我们见面。这一次，让我们一起进行“黑夜观‘宝’”的学习吧（图 1–9）！

**【活动过程】**

**活动项目：** 看月亮

**活动场所：** 空旷处或家中阳台

**活动时长：** 15 分钟

图 1–9 黑夜观“宝”

**活动流程：**

| |
|---|
| 和爸爸妈妈一起仔细地看一看，了解月亮的形状、颜色。 |

↓

| |
|---|
| 跟爸爸妈妈说一说自己看到的月亮是什么颜色，什么样的。 |

↓

| |
|---|
| 想一想：月亮像什么？月亮里有什么？<br>也可以问一问爸爸妈妈：你们对月亮有什么想法呢？ |

【学习过程】

**学习目标：**

能对观察大自然产生兴趣；

能展开想象，能主动发问。

**学习项目：**

**项目一：阅读与鉴赏**

和爸爸妈妈一起朗读这首有趣的童谣吧！

bā yuè shí wǔ zhōng qiū jié
**八月十五中秋节**

běi jīng tóng yáo
（北京童谣）

bā yuè shí wǔ zhōng qiū jié
八月十五中秋节，

yuè bing shuǐ guǒ mǎn mǎn dié
月饼水果满满碟，

rén rén shuō wǒ sān bàn zuǐ
人人说我三瓣嘴，

wǒ shuō wǒ shì dà tù yé
我说我是大兔爷。

**阅读推荐：**

《嫦娥探月立体书》（陕西人民教育出版社，2018年版）

**项目二：表达与交际**

听爸爸妈妈讲一讲《嫦娥奔月》的故事。请你听完后，把故事讲给好朋友听。

嫦娥奔月

很久以前，有一位英雄叫作后羿。他帮助人们消灭了九个太阳，让空中只留下一个太阳。从此，太阳按时升起、落下。后羿为人们带来了幸福生活，人们十分敬重他。王母娘娘也很钦佩后羿，赠送了长生不老的药给他。只要吃下这种药，他就可以升到天上当神仙，长生不老。

后羿有一位美丽、善良的妻子，两人十分恩爱。后羿舍不得离开嫦娥，独自到天上去当神仙，就把药交给了嫦娥，让她保管。

那一年的八月十五日，后羿带着徒弟们出门打猎去了。可是有一位叫逄蒙的徒弟找了个借口，没有一起去打猎。他心怀鬼胎，拿着宝剑偷偷地闯进了嫦娥的住所，逼迫嫦娥把长生不老药交给他。情急之下，嫦娥只好吞下了长生不老药。没过一会儿，嫦娥的身体变得轻飘飘的，慢慢地离开了地面，飞到了天上，最后留在了月亮上，成了神仙。

后羿听到消息后，去追赶嫦娥，可是怎么也追不上。他十分地思念嫦娥，却只能呆呆地望着月亮。月亮又亮又圆，照着自己，就像是嫦娥也在看着自己，思念着自己。

从此以后，每年的八月十五，后羿和乡亲们就会在院子里摆出嫦娥喜欢吃的食物，表示对她的思念和祝福。

**和爸爸妈妈聊一聊：**

故事中的嫦娥，在月亮上过着什么样的生活呢？

**项目三：梳理与探究**

月亮上有什么，是什么样的？请展开想象，把想到的画一画。

**字词补给站：**

1. 圈出童谣中不认识的字，试着自己拼读准确。

2. 积累和月亮有关的成语。

yuè hēi fēng gāo　yuè míng xīng xī　jìng huā shuǐ yuè　hào yuè dāng kōng　huā hǎo yuè yuán
月黑风高、月明星稀、镜花水月、皓月当空、花好月圆

让一线教师做到“教学 + 科研”双轨并进，确实是理想状态。但从目前看，教师能做好教学，能做一个优秀的执行人，真的不容易。就把科研以及科研成果转化，留给专业人士吧。“双减”中的重要一方是教师。如果教师没有减轻负担，总是增加负担，则可能以更为隐蔽的方式转嫁负担。

作业真的不应是针对教师的“剃头挑子一头热”，需警惕作业成为教师与学生在减负中博弈的又一焦点。

# “双减”后的长假，如何让学生写长篇故事?

在常态的课程学习中，学生与教师对“写作”的认识就是——写单篇。

以统编版小学语文教科书为例，每个单元瞄准一个写作知识点。上课时，教师指导学生围绕着这一写作知识点进行练习。一次一个点，一个点写一篇，一篇又一篇地累积，按照新课标提出的要求，每学期不少于16篇。

这样极富训练意味的写作方式，带来的效果不尽如人意。因此，中小学写作教学总是在寻求改变，例如：“合作写”，这是教学形式上的变革；“先写后教”，这是教学序列上的变化；等等。借助即将到来的长假，教师可以尝试写作意识的改变，从“短”变为“长”，即将原先单篇的短小练习，改为长篇的连续性自由写。长篇到底有多长？答案是学生能写多长就写多长，写到“写不出”为止。自由写到底有多自由？答案是学生按照自己的设想写，“想怎么写”就先写出来，之后再修改。

长假中写长篇，学生可不再拘泥于字数。字数的限制，原本就是对写作的误识。

写故事，主张让学生写出心中的“事”。这样的综合性写作涵盖了单项练习中期待学生发展的叙事、抒情、写景、状物等单方面的能力，是激发学生写作兴趣，提升其写作实力的学习项目。这样的写作方式，不但可行，而且可期。先来看一个故事。

诺贝尔文学奖得主加夫列尔·加西亚·马尔克斯，在接受同为哥伦比亚作家的门多萨访问时，两人有下列对话：

马尔克斯：我十七岁那年读到了卡夫卡的《变形记》，当时我认为自己准能成为一个作家。我看到主人公格里高尔·萨姆莎一天早晨醒来居然变成了一只巨大的甲虫，于是我就想：“原来能这么写呀。要是能这么写，我倒也有兴致了。”

门多萨：为什么这一点会引起你那么大的注意？这是不是说，写作从此可以凭空编造了？

马尔克斯：因为我恍然大悟，原来在文学领域里，除了我当时背得滚瓜烂熟的中学教科书上那些刻板的、学究式的教条，还另有一番天地。这等于一下子卸掉了沉重的包袱。[1]

故事中少年时的马尔克斯所说的“沉重的包袱”，就是指那些“刻板的、学究式的教条”。

可见，写故事在激发学生写作天性的同时，让学生发现了深埋在心中的写作天性。回过头来思考：为什么之前试图瞄准知识进行的单篇练习，效果不佳呢？

因为这些知识都是静态的，真到了写作实战状态下，如无融合，自然效果不佳。

学生围绕着一个又一个知识点进行练习，练得好的最大的意义在于掌握了知识，而不是真正地提升了写作水平。例如“围绕中心意思写”这一典型的写作知识点，教学中我先让学生写一个中心句，之后再围绕着它进行证明。成功来得快，成本不高。然而真正在故事中写到一段话，也许不能这样结构分明，否则缺乏“看点”。再如不断被强调的“观察”，教师告诉学生：“观察就是眼看、耳听、心

① 加西亚·马尔克斯，P.A. 门多萨．番石榴飘香 [M]. 林一安，译．海口：南海出版社，2015.

想、触摸等。”这是正确的，但真正写的时候未必用得上。好的观察结果，往往就用一种方式深入、细致、反复地刻画。又如教师总是强调学生在说话句前叠加提示语，形容人物会怎样说。但文学作品中的说话句，更多的却是单独成句，不添加任何提示语。

静态的知识获取可以增强我们对写作的基本认识。真实的写作是动态的，可以通过写长篇故事这种形式来整体“打包”完成。

故事写作，支撑学生的是源自作者个体的内部力量：自由思想、勇敢表达、实现梦想。此处的自由、勇敢、梦想三个关键词，是真实写作所必备的精神内核。在完成一则故事的同时，在源自内部的写作愿望的支撑下，写作成为学生自我认定、自我表现、自我提升的方式。作为真实作品的作者，学生会发现，写下一则故事，不是简单的“用方法叠加内容”的套路化写作。

当学生把心中的故事用文字编下来时，至少会出现两种结果：一是编写顺利；二是编写不顺，甚至写不下去。编写顺利，就让学生写出来，之后予以欣赏、鼓励，长假中还可以共同讨论、修改。

例如我曾设计借助《咕噜牛》这一绘本，让学生发现其中的“反复”的故事结构，了解这一结构的特征，之后自由编写一个带有“反复”结构的故事。自由编写并非完全放手，在阅读绘本与结构抽取环节，教师提供了自由写的框架、模板、思路。而且，这样的结构学生在之前的课文学习中也多次接触，如《总也倒不了的老屋》《小狗学叫》等。此时加上绘本的集中启发，学生编写时异常顺利，而且有种“一发而不可收”的感觉。

在初稿完成之后，还可以告诉学生“事不过三”的道理，让写作时的“自由”得到约束，让反复结构不要无限制地延展下去。可以指导学生精选保留三个情节，扩充故事中的细节，让故事变得更耐读。这样自由地写，在“反复”这一结构之内，细节更加生动，故事更有可读性。

重点探讨第二种情况：编写不顺。

编写不顺，则需要外力辅助。例如教师、父母可以在长假中提供指导，让学生在行动阻断时继续构思，寻求突围。对构思的强调，就是最重要的写作意识；对构思的谋划、调校，是真正的写作行为。有了构思的先行，在构思中品到趣味，学生就有继续编写下去的意愿和后续行动。

在2021年的暑假，我在网络上带着来自全国的学生，进行了为期半个月的“我的第一个长篇故事写作”的尝试，近30名从三年级到六年级的学生，全都写下了近万字的“小小说”。起初他们写得并不顺利，但在多次协商和调整后，所有不顺的地方都被重新设计，大多成为写作成品中的局部。这不是奇迹，实际上这才是启发写作热情、给予正确帮助后的真相。

有时候，“不顺”表现为写出来的故事被判断为胡编乱造，该如何看待这种情况呢？

首先，胡编乱造的“胡乱”，可能是成年人的误解。例如，我们第一次听说“元宇宙”的概念时，很可能因为无知而否定。这样的概念若出自学生的笔下，更容易被评价为“胡乱”。所以，警惕这样的武断，这是童心缺乏造成的狭隘。此类情况，只要给学生“申诉”的机会即可，围绕着故事互相商讨，其乐融融。

其次，倘若故事真的凌乱不堪，例如表述颠倒、人物关系混杂、结构零散等，教师、父母可以跟学生一起回读调整，甚至在整体构思上重新设计；属于文字差错的，通过反复修改、校订，协助学生解决。你发现了吗？“胡乱”给了学生更加真实的写作体验，在“胡乱”的前后对比中，学生更能感受到写作的乐趣。

最后回答一个问题：第一学段的学生，适合自由写故事吗？

在我看来，低年级学生就适合写话：在小心呵护下写下几句，反复修改润色，从一开始就进行“精致化”学习。其实，这一阶段学生最需要的是“浪漫式”写作。从心理学角度看，动机和目的是既有区别又有联系的两个概念。动机是“为了什么”，是回答原因的问题；而目的则是“达到什么”，是回答结果的问题。起步教学强化句子训练有必要，但这只是具体的目的，而不能成为写作的动机。如果把目的当作动机，成天让学生进行单调的句子训练和片段训练，他们便会感觉索然无味，甚至产生厌恶作文的心理。①

语言的本质特性在于它是社会交际的工具。只有亲身体验语言的各种交际功能以及它的社会效益，学生才能自觉地去学习语言、掌握语言。虽然词、句、句群和篇章都是语言表达的单位，但是能够完整地体现语言社会交际功能的不是词、句、句群，而是成篇的文章。只有文章，才能够充分发挥语言的概括信息、传递信息、自我表现和个别影响等各种交际功能。因此，让低年级学生写成篇的故事吧，不要小瞧他们的创作力。

① 吴立岗．学习活动理论探索作文教改新路 [J]. 小学语文教学，2001（3）：4–6.

# 创意作业设计，如何消除“看不见”的负担?

由中国儿童中心与社会科学文献出版社共同在中国社会科学网发布的《儿童蓝皮书：中国儿童发展报告（2019）》显示：“影子教育”（shadow education）明显，校外生活是学校教育的“投影”，或者说是复制。在3~15岁儿童平均校外生活时间分配中，花费时间最多的类别是做作业（包括学校作业、课外班作业、家长布置的作业、其他作业）。在上学日平均每天作业用时达87.85分钟（近一个半小时）。

2021年7月，中共中央办公厅、国务院办公厅印发《关于进一步减轻义务教育阶段学生作业负担和校外培训负担的意见》。此文件明确要求减轻“作业负担”和“校外培训负担”，因为这些都是“看得见”的负担。

此外，在作业的完成中还有一些“看不见”的负担，更是设计者需要着力消除的。“看不见”不等于不存在。怎样让学生和教师、家长在正确看待作业的同时，积极应对必须面临的学习挑战，承担应有的学习任务？这些都成为“双减”政策落地后，在作业设计中需要更深邃且持久思考的方面。

## 一、主动参与的重要意义

负担源于学习者的参与状态：如果是被动参与，则带有明显的负担感。这样的负担源自“看不见”的内部情绪、心理反应等。减除负担就可以从激活自我系统入手，让“看不见”的负担从学习者的个体内部主动释放。

从布卢姆开始，不同学者对教育目标的分类都进行了从低层次向高层次发展的设计，试图组建有序推进的逻辑序列（表 1-1）。但在学习活动的实践中，学生并不按照这样的序列发展，过程中多有融合、跳跃、兼并。罗伯特·J. 马扎诺博士在研究中明确地提出了“自我系统”以及“元认知系统”，这是马扎诺分类法的亮点。他突破了对层级递进这一序列之美的迷恋，突出了学习中最关键的个体的自我系统控制。马扎诺博士认为，所有的学习过程始于脑的自我系统。自我系统中包含着态度、信念和情感等，决定着完成学习时的动机，影响着学习过程中的注意力。

表 1-1 教育目标分类

| 主体 | 分类 |
| --- | --- |
| 布卢姆（1956） | 评价、综合、分析、应用、理解、认识 |
| 安德森和克莱斯万（2011） | 创造、评价、分析、应用、理解、记忆 |
| 马扎诺（2006） | 自我系统、元认知系统、知识应用、分析、理解、检索 |
| 国际学生评估项目（2000） | 互动、建构、评价、综合、管理、获取 |

具体而言，自我系统决定学习者是否接受学习任务，是否完美地在学习过程中展现自我，是否主动参与让大脑“接管一切”，例如自觉为学习设定目标、制订计划、想出操作的流程与办法等。学生在主动参与时，投入的精力多，参与的状态好，则学习效果显著。此时的学习个体内驱力强大，不会在心里产生负担感。心理学的测量结果表明，心里产生的负担感与个体参与学习时的状态有关。这种状态共 10 个级别，具体排序如下：（1）亢奋，过度积极；（2）身体

跃跃欲试，学习；(3) 写作或讲话；(4) 聚焦思考；(5) 高度警惕；(6) 发散思维；(7) 可视化；(8) 放松性集中；(9) 空想；(10) 昏昏欲睡，注意力涣散。

从最高级的“亢奋”到最低级的“昏昏欲睡”，学习者的自我系统在逐渐丧失，学习效果也在逐步消亡。脑科学研究还发现，消极的压力会引导人的行为，并对任何威胁的反应特别敏感。当感受到威胁时，脑干向身体释放过多的皮质醇，使得高阶思维让位于人的生存本能。也就是说，在个体内部动力不足时，自我系统无法监控与调节学习者，学习即便在进行，也是浮于表面的。

可见，自我系统的激活和维护能消减被动学习产生的“看不见”的负担。设计作业，就是要激活学习者的自我系统，让其从内心喜欢参与、希望参与，在参与中感觉到成长与进步，参与后能产生全新的认知升级与体验，感受到学习带来的快乐。

以小学语文学科为例，我的研究团队共同研制了“大语文创意作业设计”系统，依托杜威“从做中学”的基本理念，注重在不同层级与指向的学习中，让学生在家庭作业的完成与学习中实现全面发展。在其基本设计逻辑（详见《“双减”背景下，如何直面家庭作业的“三大问题”？》一文）中，阅读是不变的“语文主旋律”，也是支撑小学六年全学段的“作业脊梁骨”。第一学段的阅读，以朗朗上口诵读韵文为主；第二学段的阅读，强调默读文言短篇、童话故事、富含百科杂学的短篇故事；第三学段的阅读，以细读并执笔批注古文经典、小说、散文、科学作品为主，还可推荐阅读一些浅显的“学术小论文”，增强理性思维培养。

例如“大语文创意作业设计”中面向五年级的“镂空的艺术”，介绍的是中国的民间剪纸艺术。作业的设计形式丰富，从视觉上构成吸引，让学生一看就喜欢。这里节选其中一部分进行展示，如图 1-10 至 1-12。

图 1-10 《鹿鹤同春》

图 1-11 鸡年邮票

图 1-12 刺绣底样（左）及成品（右）

作业设计者让学生阅读之后，完成三道作业：

1. 形成解释。阅读资料一的文字资料，说说《鹿鹤同春》剪纸作品蕴含着什么吉祥的寓意。你还知道哪些表示吉祥的剪纸纹样？与父母或朋友交流一下吧！

2. 评价鉴赏。资料二中的图分别是剪纸在邮票、刺绣中的应用，请你选择一个，写下这种应用的好处。

3. 表达与交流。观察“福”字的剪纸图示（图 1-13），尝试用简要的语言把剪纸的步骤写下来。

这一设计首先从选材上就能充分吸引学生，引发其高度关注。其次，题型设计方面，增加了“与父母或朋友交流”“查阅资料”等互动，让学生在完成作业过程中有主动参与的机会，能在参与中获得提升。再次，动手实践与语言表达相融合，让语文学习伴随着学习者的亲身实践同步进行，将知识、能力、方法、过程都裹挟着共同发展，整体提升学习者

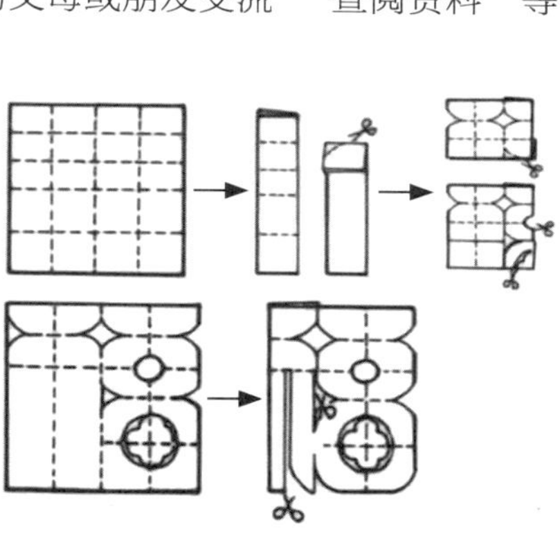

图 1-13 “福”字剪纸图示

的元认知水平。

## 二、明确目标的重要意义

《沟通的艺术》作者罗纳德·B. 阿德勒认为:"人的一切行为都是由目标激发的。"此后，美国儿童心理学家鲁道夫·德雷克斯对这个理论有了进一步阐释，他认为:"孩子不会去做没有目的和回报的事情。"明确这一点后，成年人可以更准确地评估孩子的吵闹、对抗、叛逆。这些行为看起来是任性且随机的，其实都是为了达到某种目标。

在学习领域中，目标的确立对消除学习负担、提升学习效果而言，有多么重要呢?

在《教学的艺术与科学：有效教学的综合框架》一书中，罗伯特·J. 马扎诺博士引用了利普西和威尔逊开展的对设定目标教学策略的效应值的案例研究。马扎诺博士发现，在班级使用设定目标这一教学策略，会给学生的学习带来平均效应的改变。利普西和威尔逊的研究基于 204 份样本报告，得到的效应值是 0.55，这就意味着在检测的样本中，设定目标的班级的平均分数比不设定目标的班级的平均分数高出 0.55 个标准差。当设定了学习目标，学习的平均涨幅为 21%。[①] 这从教育测量数据上再次证明目标的重要意义。目标明确，学习动力十足，就不至于感受到负担。这一结论早就得到了学习心理学研究的证实。

在 1946 年，美国教育学家埃德加·戴尔首次提出"学习金字塔"理论（图 1-14）。这一理论再次证明了目标明确将带来最佳的学习效果。戴尔用数字形式形象地显示了不同的学习方式下，学习

① 罗伯特·J. 马扎诺. 教学的艺术与科学：有效教学的综合框架[M]. 盛群力，唐玉霞，曾如刚，译. 福州：福建教育出版社，2014.

内容在两周以后的平均留存率。第一种，听讲。老师授课，学生记笔记，两周以后学习内容在脑海里只留下了5%。第二种，阅读。通过阅读方式，两周后学习内容可保留10%。第三种，视听。用声音、图片等视听方式学到的内容，两周后可以保留20%。第四种，演示。采用演示、示范的学习方式，两周后学习者可以记住30%的内容。第五种，讨论。通过和人讨论，两周后学习者可以记住50%的内容。第六种，实践。通过实际演练的方式学习，两周后可保留下来的内容达到75%。第七种，教授给他人。学习者将内容转述或教给其他人，两周后可以记住90%的学习内容。为什么“教授给他人”成为学习金字塔的基座，成为学习内容最有效的留存方式？因为在这样的学习中，“教会”是内心设定的目标，基于这一目标，整个“学”的过程都充满着明晰的意图，也有着巨大的主动性。[①]

图1-14 学习金字塔

以“大语文创意作业设计”中面向四年级设计的“厉害的水面张力”为例。该设计在活动后的“学习过程”环节，率先就让学生明确本次学习的目标有三条：

1. 能参与并观察“水面张力”这个实验的过程。

① 郝晓东. 未来教师 [M]. 郑州：大象出版社，2022.

2. 能查证“水面张力”这个实验中包含的科学道理。

3. 能使用书面语言和口头语言表达实验过程中的观察所得。

这一目标的设定，让科学实验的活动过程与语文学科的学习过程紧密融合；让之前的活动成为语文学习的一个环节，为达成学习目标做好准备，“做”为了“学”，才能在“做”中有“学”。同时，这一目标也为接下来需要完成的项目作业指明方向。三个目标协同阅读与鉴赏、分析与理解、表达与交际、梳理与探究，共同为提升学生核心素养发力。

目标，是评判某项工作或某件事情结果好坏的标准。泰勒斯通在《提升教学能力的10项策略：运用脑科学和学习科学促进学生学习》一书中，总结了合格目标应符合的SMART原则：S（specific），目标是具体的，而非模糊的；M（measurable），目标是可以用数字来量化的；A（attainable），目标是可以达到的，而非虚无缥缈、不可达成的；R（relevant），目标要与整体发展方向具有一定的相关性，达成这个目标对某些事物具有推动作用；T（time-bound），目标具有明确的期限。[①]

为了减轻“看不见”的负担，我们在设计“大语文创意作业设计”时，除了明确目标，也特别在意目标本身的适切程度，不让过高的目标成为全新的负担。只有目标适中，学习难度适宜，心流[②]才容易产生。诺尔·迪奇曾提出行为改变理论，将学习的事物分为三个区域：最内圈是舒适区，没有难度，会导致学习者萎靡不振；中间是学习区，有一定的挑战，会让学习者感到不适，但不至于太难受，会激发学习者“跳一跳，摘果子”；最外圈是恐慌区，大大超

① 唐娜·沃克·泰勒斯通.提升教学能力的10项策略：运用脑科学和学习科学促进学生学习[M].李海英，译.北京：教育科学出版社，2017.

② 心流（flow）在心理学中指一种人们在专注进行某行为时所表现的心理状态。

出学习者现有能力范围，会让学习者感到严重不适，或者无从下手，直至放弃。“大语文创意作业设计”坚持从活动到学习、从参与体验到归纳总结、从易到难的设计，让学习者在完成作业时，既做到方向明晰，也能不断进取；同时，目标设定不断指引学生在完成作业时与生活产生关联。例如在“厉害的水面张力”作业设计的“梳理与探究”项目中，就有如下的项目设计：

1. 尝试还原以下图片呈现出的生活现象，选出与众不同的那幅图，并说明你的理由（图 1-15）。

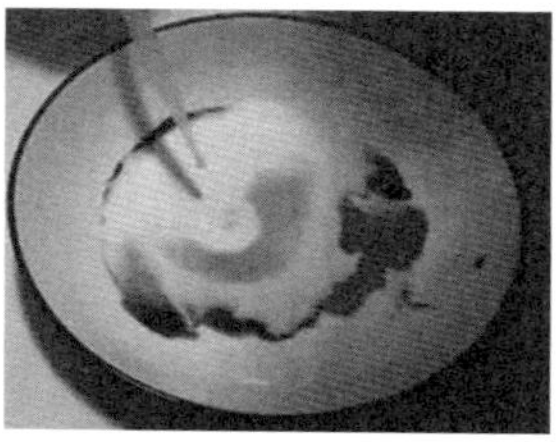

（a）牛奶色素大碰撞

（b）回形针水上漂

（c）水面裂开了

（d）硬币凸透镜

图 1-15　厉害的水面张力

2. 留心生活，想一想：人类的哪些发明或是生活小妙招利用了液体表面张力的原理呢？

这样的作业不仅好玩，还很有效，完成的过程中学生不会有负担。实践证明，不少尝试完成的学生总是在询问“下一次我们做什么”。学生对任务有期待，正像马扎诺博士所说的：“如果个体认为新任务很重要，成功的可能性很大，会带来积极的影响，就会有动力从事该任务。如果新任务具有低关联性，成功的可能性不大且有消极影响，个体从事该任务的动机就会很低。”[①] 此处的“重要”“成功”不局限在活动本身，更多的是活动后对生活中类似情况的判断与应对。让目标和学习都关联着生活实际，也是“大语文创意作业设计”消除“看不见”的负担的又一行动准绳。

## 三、过程合理的重要意义

过程是事情进行、发展、演变中必须经历的环节、流程。可见，过程中充满了不确定性。过程设计合理，在减除“看不见”的负担上，至少有三个重要意义：

第一，顺应变化，让事物的发展更加流畅。例如学习一篇课文，从整体感知到局部细品，再回到整体观照。这样的“总—分—总”的过程安排符合认知规律，能使学习流畅，学生能伴随着学习活动不断提升。

第二，便于介入，使人与事协同发展。过程中带有发展变化的因子。设计合理则能让身处过程中的人有机会参与，能与事同步前进。这样的协同进步能够带来事的圆满结局，也有利于人的能力提升。例如针对中、低年级的学习，设计“读一读”“说一说”“写一写”的三步流程。这样的过程让学生在课堂上充分参与语文实践活动，获得各方面能力的锻炼，教学也变得生动有趣。

第三，利于产出，有助于形成期待中的结果。过程是一种安排。安排的意义就在于让结果顺利产出。学习活动的过程设计合理，结

① 唐娜·沃克·泰勒斯通．提升教学能力的10项策略：运用脑科学和学习科学促进学生学习[M]．李海英，译．北京：教育科学出版社，2017．

果就能更加顺利生成。

“大语文创意作业设计”的每一份作业，都按照“做中学”的结构设计过程（图 1-16）：先进入最具创意的“活动过程”，之后结合活动体验，进入“学习过程”，完成相关的作业。

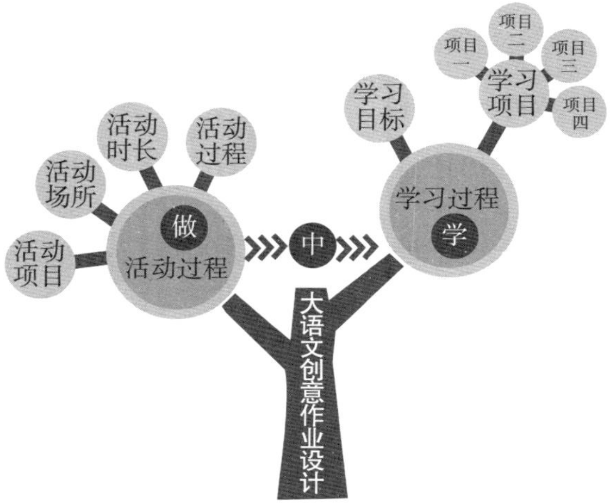


图 1-16　大语文创意作业设计

接下来以面向二年级的“雨的演奏”为例，全文展示创意作业的设计，读者可以从过程的设计中感受学生在参与作业过程中的惊喜与发现。

## 雨的演奏

你是否听过下雨的声音，见过下雨的情形？小雨滴滴答答，大雨哗啦哗啦，不同的雨带来不同的体验。这一次，让我们一起走近这位神秘的演奏家，开启对“雨”的学习吧（图 1-17）！

【活动过程】

**活动项目：**欣赏雨的演奏

**活动场所：**家中阳台或户外避雨处

**活动时长：**15 分钟

**活动流程：**

和爸爸妈妈一起，仔细地看一看：下雨时，景物有什么变化？

↓

闭上眼睛听一听：下雨时，你听到了哪些声音？

↓

想一想：下雨天你看到的场景和晴天有什么不同？

图 1-17　雨的演奏

**【学习过程】**

**学习目标：**

能留心观察，体会大自然的美好；

能大胆表达自己的感受。

**学习项目：**

**项目一：阅读与鉴赏**

和爸爸妈妈一起朗读这首有趣的童谣吧！

chūn yǔ
**春雨**

mín jiān tóng yáo
（民间童谣）

dī dā，dī dā，xià yǔ la
滴答，滴答，下雨啦……

zhǒng zi shuō xià ba xià ba wǒ yào fā yá
种子说：“下吧，下吧，我要发芽。”

lí shù shuō xià ba xià ba wǒ yào kāi huā
梨树说："下吧，下吧，我要开花。"
mài miáo shuō xià ba xià ba wǒ yào zhǎng dà
麦苗说："下吧，下吧，我要长大。"
xiǎo péng you shuō xià ba xià ba wǒ yào zhòng guā
小朋友说："下吧，下吧，我要种瓜。"

**阅读推荐：**

《下雨天》（明天出版社，2018 年版）

**项目二：表达与交际**

听爸爸妈妈讲一讲《小水滴的旅行》。请你听完后，把故事讲给家人、好朋友听。

### 小水滴的旅行

灿烂的阳光洒在波光粼粼的海面上，照耀着大海妈妈和她的孩子们。小水滴忍不住探出头来，看到活泼的小燕子在树梢上歌唱，优雅的云姑娘在蔚蓝的天空中漫步，这一切真是太美好了！这时，小水滴感到身体轻飘飘的，就要飞起来。他大声地喊："妈妈，妈妈！"大海妈妈微笑着说："别怕，孩子。跟着太阳公公去玩玩吧，你还会回来的。"

小水滴慢慢上升，在风姐姐的拥抱中翩翩起舞。云姑娘伸出手接住了小水滴，温柔地说："孩子，陪我散散步吧。"小水滴躺在云姑娘为他做的摇篮里，就像掉进了松松软软的棉花堆里，暖洋洋的，舒服极了。小水滴低头一看：呀，连绵不绝的山脉挺直了脊梁站立在那儿，蜿蜒曲折的河流像晶莹的丝带点缀着大地，错落有致的房屋，郁郁葱葱的田野……小水滴连眼睛都不舍得眨一下，贪婪地欣赏着每一寸美景。“真想下去看看呀！太美了！”小水滴忍不住说道。云姑娘微微一笑，为他撑起一把小小的降落伞：“去吧，孩子，尽情玩耍吧。”

滴答，滴答，小水滴降落在一朵艳丽的玫瑰花上，花瓣软软的，舒服极了！花丛中的小草弟弟在雨中挺立着，娇艳的花儿们绽开笑脸迎接着小水滴。晶莹的露水在他们身上滚动着，好似珍珠在装点着他们。正当小水滴陶醉在美景中时，玫瑰姐姐忽然从睡梦中苏醒，一个喷嚏飞了过来，“阿嚏——”这个喷嚏的威力竟让他飞出了花丛，滑进了边上的小溪。他在小溪里遇见了鱼小姐和虾先生，和他们成了好朋友。他沿着小溪一路旅行，去了宽广的草原，看见了高大的树木爷爷和温柔的河马奶奶，又汇入河流。河流婶婶瞧见小水滴，笑着点点他的额头：“你这小家伙，是不是玩得都忘了妈妈啦？快跟我回家吧，不然妈妈该着急了。”说着，河流婶婶抱着他一路向东，小水滴终于又回到了大海妈妈的怀抱里。大海妈妈亲昵地说：“怎么样，宝贝儿，这趟旅行玩得开心吗？”小水滴十分兴奋地说：“妈妈，我见识到了好多东西呢！”大海妈妈温柔地说：“孩子，我都知道了，你的经历彩虹姑娘已经告诉过我了。”小水滴非常惊讶，他抬头一看，天空中，不知在什么时候，出现了一道绚丽无比的彩虹。

**和爸爸妈妈聊一聊：**

故事中的小水滴为什么能够去旅行？这一路上都有谁帮助了他？

**项目三：梳理与探究**

请听一听儿童歌曲《下雨歌》，再跟爸爸妈妈说一说：你在歌曲里听到的雨声是什么样的呢？还可以编一编：歌曲中可能讲述了一个什么样的故事？

**字词补给站：**

积累与下雨有关的拟声词。

xī xī lì lì huā lā huā lā dī dā dī dā shuā shuā hōng lōng lōng
淅淅沥沥、哗啦哗啦、滴答滴答、唰唰、轰隆隆

可以想象，低年级学生在完成这份“雨的演奏”作业的过程中，获得的认知生长是明显的。在活动环节，他们和爸爸妈妈进行了一次充满温情的互动，在互动中掌握了关于雨的常识，激活了生活中对雨的相关经验，借助观察丰富了体验；此后进入学习环节，通过朗读儿歌、阅读绘本、讲小水滴旅行的故事等，让五官充分打开，从多角度了解雨；最后，在歌曲中感受雨之趣，在编写故事中进行创作。这样的学习过程，符合低年级儿童的认知规律，形成了由浅入深的阶梯式提升路径，学生在过程中能够获得完成作业的乐趣，也获得了听、说、读、写四大能力的发展。

“双减”政策落地后，创意作业的研制，从学习者个体角度出发，照顾心理的体验，以目标驱动，让过程更加合理。这一切的努力，就是要尽力消除“看不见”的负担，让学生获得更全面的发展。

# 第二章

# 充满好奇的<br>语文学习热点

# 学习效果不佳，问题究竟出在哪里?

可能有不少一线教师会感到不可思议：为什么教得那样用力，学生却没有学会我们要教的？教学效果和预期相差太远，让人疑惑。所谓用力，显而易见表现为媒体使用多，教学方法多，教学环节多，教学容量多，教师讲得也卖力……

在思考之前，先澄清一个基本观点：用力教，效果未必都会好。关键在于，我们要找到问题究竟出在哪个环节，以便对症下药。

美国学者迪伦·威廉在其专著《融于教学的形成性评价》(原著第2版)中，将所有的教学归结为3个关键过程和3种参与者角色。3个关键过程:(1)明确学习者当前的学习状况;(2)确定学习者要去哪里;(3)决定学习者如何到达那里。3种参与者角色:(1)教师;(2)学习者;(3)学习伙伴。若将这些角色与过程加以组合，就得到了表2-1[①]。

**表2-1 关键过程与参与者角色组合项目**

| 项目 | 学习者当前的学习状况 | 学习者要去哪里 | 学习者如何到达 |
| --- | --- | --- | --- |
| 教师 | (1) | (4) | (7) |
| 学习者 | (2) | (5) | (8) |
| 学习伙伴 | (3) | (6) | (9) |

此表中有9个组合后的项目，涵盖教学的各个环节。如果我们看清楚教学中每一个环节，就能发现问题的生发、演变在何时、何

① 迪伦·威廉.融于教学的形成性评价：原著第2版[M].王少非，译.南京：江苏凤凰科学技术出版社，2021.

处以及如何发生。

如果教学是有效的，那么9个环节应如何呈现？

学习者当前的学习状况：（1）从教师角度看，要测定学情，引出有利于教学实施的学习证据；（2）从学习者角度看，要调用旧知，展示当前真实的学情样态；（3）从学习伙伴角度看，要相互补充、完善对学情的描述与建设。

学习者要去哪里：（4）从教师角度看，要设计教学的可行性流程；（5）从学习者角度看，要提供学习不同阶段的反馈信息；（6）从学习伙伴角度看，要成为彼此学习中的相互支撑力量。

学习者如何到达：（7）从教师角度看，应设定目标，设计评估标准、评估方式；（8）从学习者角度来看，要理解目标并参与评估；（9）从学习伙伴角度来看，要理解目标并参与评估。

我对这9个项目进行合并处理，将9项简化为5项，总结出“决定课堂效果的五个关键指标”。

第一个指标：是否真正理解。包括理解学习目标与评估学习效果的标准等。

第二个指标：是否基于学情。包括教师测定的学情和真实学情之间的差异，以及不同学习者之间存在的学情差异。

第三个指标：是否合理设计。包括教学推进的流程、抵达阶段目标的方法及评估阶段学习成果的方案等。

第四个指标：是否主动参与。包括学习者与同伴能否在学习活动中成为自己学习的主人、能否主动提供反馈信息等。

第五个指标：是否协同合作。包括学习者之间能否共享、互换学习的资源、证据，能否彼此协助，互为学习中的支撑，共建资源。

基于以上分析，再来探寻本文开头提到的问题，如同拥有了

“寻宝图”，可以按图索骥。

这一问题的前提是教得用力，因此可以做这样的预想：在“教学设计”环节，教师已经尽力。教师并未放弃教学，而是努力精心设计，周全组织，非常用心；同时，执教过程中态度积极，教学方法多样，主观上力求达成优质教学效果。

参考这一前提，可以排除因教师个人惰性造成的无效或低效，那么可能出现问题的两个环节也随之浮出水面：第一，对于目标的理解；第二，对于学情的判断、评估。

## 一、对目标理解不当，仅予以简单字面阅读，导致无效

可以说，理解目标为有效教学提供的是决定性的保障。是否真正理解目标，也是检测教学效果的核心依据。

理解目标，不能停留在“我（教师）读到目标的表述语言”这一字面意思上，真正的理解至少涉及三个层面：第一，学习者知道该做什么；第二，学习者可以如何去操作；第三，学习者最终能达到什么程度。例如，统编版小学语文教科书五年级上册第四单元习作为“二十年后的家乡”。本单元习作的目标为“学习列提纲，分段叙述”。对这一目标的理解要到位，至少要明确以下几点：

第一，经由教学展开的学习活动有两个，即学习列提纲和学习分段叙述。

第二，写作实践中，学习者能根据构思，列出提纲；能根据提纲，逐步展开写作，直至完成全篇；能对提纲进行修订，带动作文的修改。

第三，学习者将获得“如何写提纲”的知识；将列出一份提纲；将对照提纲，完成一篇写“二十年后的家乡”的作文。

对目标的精准理解，还应涉及三个方面：第一，目标的设定，是在怎样的学习情境中进行的；第二，目标的达成，需要符合哪些条件；第三，目标达成与否，是否可以评估、测量。基于此，教学应特别注重想象的情境创设，让学生认识“今天的家乡现状”，了解“科学技术的发展前沿”，思考“未来家乡改变的可能性”。这些情境的创设、条件的预设，既能让想象变得更大胆，也能让文章更具有合理性。同时，“二十年后家乡是否有变化”“变化中是否带有科学技术的成分”“变化是否合理”都成为评估的标准。

教学无效说明教师对目标的理解是失当的。教师不能简单将“写作话题”理解为“教学目标”，让学生展开想象，写一篇题为“二十年后的家乡”的作文，且以“谁的想象大胆”为评价标准。在这样的理解下，学生写出的“二十年后的家乡”将无比神奇，严重缺乏合理性。错误理解目标，使得教学内容选取不当，教学效果自然无法保障。

## 二、对学情认识错误，过低或者过高估计学情，导致无效

教学是否基于学情展开？无效是否因为对学情的忽视或者误判？无效在学情预判方面至少表现为两种：其一，对已学的重复学习，学生不爱学，学了也没有变化；其二，要学的太难，学生的已有认知与之相比落差巨大，学也学不懂。这两种无效的学习结果，皆是无视学情造成的。

第一种情形是低估学情的重复教学，这种现象较为普遍。例如，教学统编版小学语文教科书五年级下册习作单元中的《刷子李》一课时，学生已经知道描写人物可以通过衣着、神态、动作、语言、相貌这些方面进行，教学时便可以采用“汇报交流”的方式进行，

鼓励学习伙伴相互交流，无须过度用力。但教师在执教中依然按部就班地对描写刷子李衣着、动作的文字进行精细化教学。这就是在学生已有的水平上重复用力。教“会”的内容，产生的效果就只是“巩固旧知”，而不是“获得新知”，认知水平没变，学习没有实效。

重复教学为什么很普遍？因为这样的教学过程有迷惑性：课堂上看上去很热闹，学生汇报这个汇报那个，读这个读那个，找这个找那个，说这个说那个，一教就会，一呼百应，还能产生“教得扎实，学得扎实”的好评。当学习行为指向已知已会时，教学便沦陷在师生间心照不宣的相互配合中。

第二种情形为高估学情。如果教师对学情的预估不当，认为“我怎么教他们都会”，就会过度拔高。“超标”教学，势必导致无效。例如统编版小学语文教科书五年级上册第 12 课为《古诗三首》，单元学习目标为“结合资料，体会课文表达的思想感情”。这一课采编三首诗歌，文体特殊，三首连排。教师可以基于以上的前提，参考五年级学生积累多篇古诗词的学习经历，采用“多篇整合”教学模式，从而达到简约、高效的学习效果。有的教师讲得过深过难，恨不得将语文课上成历史讲坛，以为“只要我讲了，学生都能接受”。于是，诗人的生平、历史背景、诗歌创作的风格、诗歌的文学常识……凡是收集到的，都讲。教师把这些深不可测的陌生领域知识，一股脑儿灌输给学生，学生看起来能配合做笔记，能点头回应，似乎都懂，实际上这只是机械式接受，不构成记忆，也不能产生理解。

还有一种情形则是忽视学情之间的关联。所谓关联，指向知识之间的联系。一种知识与另一种知识之间有联系，若能够由此及彼、举一反三，学习便更有效果。同样一种知识在不同时间段出现，也有螺旋上升的递进趋势。统编版教科书在编撰时，就非常注意知识之间的承接与提升，这应被视为学情关注的组成部分。

例如，统编版小学语文教科书五年级上册民间故事单元编排了《牛郎织女》，让学生进行创造性复述。之前学生经历了具体详细复述、简单复述两个能力层级的练习，如今进行创造性复述，教师就不要再重复前面的过程，而可以直接引导学生从改变故事叙述的顺序进行创造性复述，或者融入当下流行的各种传说进行创造性复述，又或者自己增加想象、丰富细节进行创造性复述。如果无视学情之间的关联，硬是从头开始教，将大量时间花在已有、已知、已会的区间，不仅效果得不到保证，学习的情绪也会受到影响。

## 三、设计的匹配性不足，教和学的路径无法并轨，导致无效

前两点讨论的前提是教得用力，是在教学设计没有问题这一预想上做出的。第三点则从另一方面探讨：用力教，都是对的吗？是否教得不“对路”呢？“路”，就是学习提升的路径；“对路”，就是教学设计要和学习提升的轨迹相吻合，教才能促进学，否则，用力地教就是学习最大的阻力。

顾黄初先生在《语文教育论稿》中，针对作文教学提出教师的教，要和学生作文产出的路径相匹配。借助顾先生的“匹配论”，以写作教学为例，我们探讨不恰当的教学设计对学习效果产生的副作用。

例如，部分教师为了应对写作考试，着力于写作技法的传授，把技法训练当作写作教学的核心内容。教师用工艺流程式的方法指导学生制造文章，包括怎么立意、怎么选材、怎么构思、怎么遣词

造句……甚至给出写作的公式。“自以为发现了写作的普适性原则，实质就是让学生学会写套话作文。”① 教得越用力，效果越差。

再如，部分教师鼓励学生把某一方面写到极致，传授学生各种奇怪的方法，如写外貌的“一根眉毛接一根眉毛刻画法”，以及“写笑不出现‘笑’字”“写好不出现‘好’字”等拐弯抹角的写法……如此操心学生“能不能写出”“会不会写好”的结果是什么？看起来学生会写了，文章也发生变化了，实质却是学生学会了制作套路美文的简陋流程。

更让人担忧的是，这样教将导致写作的“癌变”：文章局部过于精致，且不能够与其他部分进行联动，类似身体局部充血，最后变成“囊肿”。即便未来这样的“囊肿”扩散到全篇，也不能带来整体的协调，只会导致“全身衰败坏死”。

教学设计和学习提升无法并轨，教的力度越大，学的效果越差。教师可以考虑对教学设计进行改良，从以下三方面着手，让设计更有益于学习。

其一，对学习效果的认识。美国学者埃德加·戴尔提出“学习金字塔”理论，让我们明确：学习者使用不同的学习方式，会带来不同的效果。从“金字塔”的塔尖到底座，是根据学习效果，即学习内容平均留存率由低到高排序的（图 1–14）。

对学习效果的认识，可以指导学习方式的设计。例如统编版小学语文教科书五年级下册第 16 课《田忌赛马》中，写孙膑把赛马的方法悄悄地告诉了田忌，之后田忌照孙膑的方法去和齐威王进行赛马，赢得胜利。在这一环节的教学设计上，有的教师就采用了演绎的方式，让学生扮演孙膑和田忌说悄悄话，口语表述的内容即为三

① 章新其．语文命题技术研究[M]. 杭州：浙江教育出版社，2017.

场赛马的不同排序以及对获胜的预测。这一设计既让学生复述了课文的关键部分内容，又将这一内容转化为真实的场景体验，产生牢固的学习效果。

不同的学习方式有不同的效果，设计时应让方式围绕效果而定，让效果得到凸显。教学设计中既不要“一讲到底”，一成不变地教，也不要花样繁多，眼花缭乱地学，应根据学习内容的不同，选择合适的方式，因地制宜开展学习活动。

其二，对指导活动的部署。教学活动的有序部署是教学设计的核心工程。活动并非越多越好，也不能杂乱排列，而是要有序选择，合理布局。

例如教学统编版小学语文教科书四年级下册想象作文“故事新编”，可让学生编写“龟兔赛跑”新故事。教学活动定为三个：第一，明确目的——学生明白自己要编写一个有趣的寓言故事。第二，方向指引——故事中要出现乌龟、兔子两个角色；故事中要有一个让人意外的情节，带来龟兔赛跑的全新结果。第三，方法授予——写出乌龟和兔子遇到的情况、心里的想法、做出的决定；将两个角色穿插写、对比写，写过程时就让结局呼之欲出，让人感到想象合理。教学中教师层层铺设，进行过程性指导，上述设计有利于促进学生写出有趣的故事。

其三，对教师身份的确证。美国教师凯利·盖勒格所著《人人皆可为优秀写作者》中提出一个“学生需要的是教练，而不是批评家”的观点。盖勒格将教师的身份定义为教练，给我们启发。

设计的意图是让学生参与实践，而不是教师取代学生获得结果。因此，在整个推行的过程中，教师的最佳身份被定义为教练——教学生方法，让学生练习，对练习进行评估。要让学生获得学习效果，教师就要找好位置，全程关注并融入学习活动中，不包办、不压制，更不能袖手旁观。

教练式的教师该怎么当？我们可以从篮球教练身上得到启发。以写作为例，学生就是运动员，在场内“拼杀”；教练要时刻关注着赛事发展，教师要时刻关注写作的过程。没有任何一个教练会等球赛结束了才进行指导，都是在球赛过程中予以纠正、辅助，及时叫停。所以，写作过程中，教师不应是悠闲的，而应该仔细观察，看到大家的共性问题，及时叫停，及时面谈，谈的内容和当前写作中发现的问题密切相关，最好能提供解决方案对解决当前问题进行有效的指导。①

为什么教得那样用力，学生却没有学会我们要教的？这个问题其实关系到对教学的深度理解和细致剖析。当学生的学习效果和我们的期待相差太远时，不要责怪学生，也不要野蛮施压。理性地分析与判断，才有助于解决问题。

① 何捷．学生需要的是教练，而不是批评家 [J]. 江西教育，2021（14）：5-6.

# 教学的中心，到底在哪里?

## 一、问题的提出

弗洛伊德形象地描述过一种人，他们把所有时间都花在“擦眼镜片”这件事上，极其认真，以致根本没有时间“戴上眼镜看世界”。也许我们可以把这句话解读为“取舍”的艺术，或者是直接批评“舍本逐末”的愚蠢。但作为精神病医师和心理学家，弗洛伊德更希望从现实的研究角度去分析，并提出讨论——

在面对现实的时候，以方法为中心还是以问题为中心?

“方法中心”以及“问题中心”，无论哪一种思考，结果都将转化为行动，在教学领域中表现出来的就是教师的教学“起点设定”与“环节设计”。以统编版小学语文习作教学为例，“方法中心”是一种大众倾向，代表着大多数教师的教学认识与操作样式。教师极为认真地将教学作为一门科学对待，认为其本质在于使用工具、技术、程序、方法去解决问题。因此，教学的起点就是从“我”的视角出发，为学生提供方法，进而让学生获取、练习、运用，直至达成目标，收获写作结果。在“方法中心”观念下，主流的教学环节设计为：依据“我”的经验与判断，对方法进行讲述、解释、拆解，注重教学中方法出示的步骤、序列、展演方式。

显然，“方法中心”即“教师中心”“教为中心”。我们不是要排斥这样的中心观，只要有效，它就有存在的价值，就有生命力。

例如统编版小学语文教科书五年级下册的第五单元习作的教学目标设定为“初步运用描写人物的基本方法，具体地表现一个人的特点”。这个单元编排了《人物描写一组》《刷子李》以及两篇习作例文《我的朋友容容》《小守门员和他的观众们》，最后安排的习作主题为“形形色色的人”。教科书的编排意图很明确，即让学生从“学方法”到“用方法”，通过对两篇精读课文与两篇习作例文的学习，获取学习成果，迁移完成习作。“方法中心”能顾及习作内容与单元学习内容的吻合，确保迁移顺利达成。

教师在教学课文与例文时，就因注重提取方法、解构方法，或是直截了当地“张贴”方法。例如《我的朋友容容》一文中，编者以批注的方式公开提醒：“课文细致地描写了容容的动作，表现了她取报纸的不容易。”“容容一天没有取到报纸就发脾气，这个事例体现了她‘忠于职守’。”“容容追问‘我’的话，显露出她的天真、好奇。”各处的批注无不在提示学生：要通过对话、行动等细节描写表现人物的特点；要注重选取恰当的事例体现人物的特点。而且之前的《刷子李》等篇目，也在无声地示证与支持着这些熟悉的写作知识，让读者认定其是管用的。

之后的写作活动，确实变得简单了，以习作例文为例仿写即可，这是方法的复刻。更多时候，教师还是不放心，继续提供更为典型的范文，嚼烂了之后“喂”给学生。范文运用方法很直接，很明显，感觉是“为方法而写”的，意图就是让学生最直接地看到效果。教学时，教师的讲解很细致，也很集中，在写作前再次强调了效果——看，这样写就行。

对于这样的教学，摇摆不定的是评价系统：如果将其判断为“教为中心”，则直接给予差评，而且评得义正词严；如果将其描述为“方法中心”，则有可能给予好评。从效果看，“这样教，学生真的会写”。特别是教师讲述写作方法时那样细致，按部就班，条分缕析，堪称优秀。一线教学系统青睐方法，急于获得“怎样做”的秘密，方法就这样沦为操作程序，教学就这样成为技术的代名词。

## 二、理性的辨析

即便如此，“方法中心”的有效性依然无可置疑，但存在的问题也是无法回避的。

写作是以作者为主体的一种学习类型，是综合性极高的复杂认知活动。“方法中心”的最大弊端在于从教师的角度出发，人为地去除复杂性和干扰因素，纯粹而认真地“擦拭镜片”，让学生“试戴一下”，而不是真正去“看世界”。教师一厢情愿地以为“按照我教的这样写，一定能写好”，毕竟方法来自成功的例文，教学中也竭尽所能，耐心细致。学生看起来写出一篇又一篇的好作文，但写成的作文很雷同；一旦遇到新的学习环境、迁移条件，或是面临全新的写作任务，依然束手无策。这就解释了为什么教师的习作教学那样用心，但学生依然不会写作文。课堂上“管用”的方法，日常写作为什么用不上？

首先，方法不能仅是“冷知识”“硬指令”。方法本身在应对新环境、新任务时，需要与环境、任务相融合，不是直接迁移即可。例如要描写人物的动作、语言等细节，要选取典型的事例，这些方法都没有问题，但仅停留在条款层面，都是未曾激活的“冷知识”。作家的过人之处在于激活后的融合。例如《刷子李》中的典型事例是“裤腿上的白洞”，与之前的描述融合后，形成意外的反证效果；《我的朋友容容》中的例子是正例，与其他事例并列后形成叠加强化。具体到面临写什么人、体现什么特点时，方法只是“基础模型”，需要融于环境、融于任务，实现自我构建，而不是直接套用可得的流程。

其次，迁移也非畅通无阻。学生之前写作成功，是通过反复练习一种固定的技能而顺利进行的“低通路迁移”。例如，写人物对话，就要加上语气词、提示语等。迁移发生的时候，学习环境、条件的重合度极高。迁移中共同要素的重合，或是学习材料的关联性越高，越能保障迁移发生，但这也会带来不利的因素——条件发生改变、破坏，迁移就很难发生。

布鲁纳研究了迁移的发生。他在《教育过程再探》中说：“如果你理解了知识的结构，那么这种理解会使你可以独立前进……你借此能够获悉许多事物的大量状况，纵然你头脑里记住的事物数量并不多。”[①] 布鲁纳的研究为我们做了提示：迁移中，学生应彻底了解的是知识结构。这样才有利于“高通路迁移”的发生。认识结构，而不是获取概念条款，成为迁移形成的核心关键。奥苏贝尔也认为迁移不应该是简单复制，而是后续学习对先前学习的重新认定和解释。学习不应建立在“刺激—反应”的链条上，而是知识体系之间的相互关联，形成系统。

这样看来，以方法为中心的迁移，限制条件比较多，对产出的结果影响大。环境一旦发生改变，就会阻断迁移。

最后，教学的通路是单向的。以方法为中心的教学，实质上更接近教师单方面传递信息。以习作教学为例，教师认真教，之后让学生写；写后评改，就是关注学生是否“照做”。这一模式应验了王

① 布鲁纳．布鲁纳教育论著选[M]．邵瑞珍，张渭城，等译．北京：人民教育出版社，2018.

荣生教授在《我国的语文课为什么几乎没有写作教学？》一文中严肃指出的现象：“中小学的‘作文教学’主要在两个阶段：一是在写之前，指导学生审题……二是在写之后，教师对学生的作文进行讲评……对学生是怎么写的，则很少顾及……具体的写作过程，教师通常很少顾及，更缺乏有效的指导。”[①]

从这个角度看，以方法为中心带有“知识本体论”的倾向，以追求对知识本身的讲解、接受为教学的核心任务，将学习的结果看成是对知识的确证、反馈、摹写、复制、印刻，则容易回到“灌输式”教学格局。

亚伯拉罕·马斯洛在他的著作《动机与人格》中，也提出“以问题为中心，还是以方法为中心”的话题。马斯洛认为以方法为中心往往会不可避免地产生一种自满，而自满一旦出现，就会排斥其他并视之为异端。[②]这样的自满很容易在给予方法时，产生三个弊端：其一，教师带有居高临下的态度；其二，唯我独尊的意识屏蔽了其他可能的通道；其三，忽视了“用户体验”。方法好不好，需要用户表述体验：用了觉得好，才是真的好。写作更强调用户体验时的舒适感、适切度，所以以方法为中心定会面临无可回避的问题。例如，佐藤正夫在《教学原理》一书中对方法本身提出怀疑：“教学方法论处置的主要问题，不是找出适合于教学过程各阶段的方法，让学生去接受，而是激发并引导学生以自我活动去掌握教学内容的学习过程。”[③]“以方法为中心”中的“方法”，本身也拒绝成为教学中的“主角”。

① 王荣生．我国的语文课为什么几乎没有写作教学？[J]．语文教学通讯，2007（35）：4–7.
② 亚伯拉罕·马斯洛．动机与人格[M]．陈海滨，译．南昌：江西美术出版社，2021.
③ 佐藤正夫．教学原理[M]．钟启泉，译．北京：教育科学出版社，2001.

## 三、改良建议

改良建议——以问题为中心重构教学。

问题源于学生的学习中缺乏真正的需要、真正的应对，即一切围绕着学生的学习而发生。学的起点不是教师给方法，教学的流程也不是教师主导对方法的详解。以问题为中心的“中心”，不是固定不变的一种僵化定位，而是要根据前置学习中必定遭遇的问题来确定。诚如美国认知写作学倡导者弗劳尔和海耶斯的研究结论所指出的，写作是一种问题解决模型。学生要写成一篇文章，会遇到什么问题呢？教学从问题开始，过程就是解决问题。

例如，写“形形色色的人”，难点在哪里？写好的秘诀在哪里？教师是辅助者，思考这些问题时必须采访学生；同时，还要付诸写作实践。写“下水文”成了备课时的首要“规定动作”。教师掌握难点之后，结合与学生进行的写作前讨论，获得来自学生的学习困难体验，形成优先解决的核心问题——与本次学习目标达成关联度最高的问题。例如写“形形色色的人”，学生亟待解决选材问题与描写问题，事关能否实现“具体地表现一个人的特点”的目标。

其一，关于选材。可以借助教科书，让学生从书中提供的“事例 1：读完故事，记住细节”“事例 2：记住我昨天说的一句话”“事例 3：记住我的生日”“事例 4：地图看一遍就一点不差地画下来”等事例中去判断与“记忆力超群”关联最密切的事例，同时排除关系不大的事例。学生做出判断后，还可以结合判断的过程进行讨论，巩固强化这一能力的获得，解决选材时“举棋不定”“照单全收”的问题。

其二，关于描写。五年级学生在习作中应重点突破“如何写具体、写真实”的问题。以选择写“事例 4：地图看一遍就一点不差地画下来”为例，学生容易出现“以结果代替过程”的问题，在轻描淡写地举例之后，叠加相似的事例进行赘述，以此说明人物具有的特点。实际上，这是“举例说明”，并未进行本次写作的难点攻关——“学习描写，具体表现人物特点”。针对这一问题，教师可以提示学生回忆具体事件，采用六要素写法，让事件的描写显得真实；注重对人物言行的正面刻画，借助课文、例文中的方法，以动词写动作，以对话写语言，让人物的形象更加鲜明；着力使用对比的方式，突出人物的特点，从侧面佐证。三步操作化解了之前以方法为中心时笼统提出要求的“硬教学”，实现了方法在具体实践中的“软着陆”，让“用户”经历了完整的体验过程。

孙绍振先生在《名作细读：微观分析个案研究》一书中写道：“一定要讲出学生感觉到又说不出来，或者以为是一望而知，其实是一无所知的东西来。”[①] 教学中最大的浪费在于，教师常说“已知已会”“一说便会”的老知识、旧概念。以问题为中心让教学的起点源于问题，教学的设计是为了解决问题；同时兼顾以方法为中心的优势，如借助例文、提取方法、关联成功范例等，让整个教学安排符合学习发展的轨迹，让学生感觉教师“教的就是我要的”“教的就是我不会的”，学习的满足感与优质体验由此生发。

教学取向的改变带来思维的进阶。美国学者比塞尔（Bizzell）认为：写作是“问题解决”的过程，这样久而久之，学生的大脑为了应对写作问题，会形成一个“认知—惯例—确定性”的思维进阶模式。在这种进阶中，写作教师的教学起点是教学生如何思考。整个教与学的过程，就是思维进阶的过程。同时，以问题为中心开放了解决问题的路径，摒弃了唯一论。

① 孙绍振．名作细读：微观分析个案研究 [M]. 上海：上海教育出版社，2009.

上文案例中，教学有所凭借，但更推崇让学生去尝试、去评述、去讨论，形成自己的经验与方法，鼓励“条条大路通罗马”，而不是“一条险路到华山”。学生在实践后，解决了这一次的问题，形成的是通用的能力，可以迁移到相关的写作实践中。例如，写作“形形色色的人”后，学生知道可以用哪些方法展开描写，知道如何围绕中心选择素材，知道如何通过写后的调整不断地优化文字，在问题的解决中，提升了自我认识、自我调整、自我监控的元认知水平。这将更有利于学生今后迅速地达到预定的目标，在过程中有力地制订计划、调整路径、反思结果、采取措施补救等。

以问题为中心的教学，成就的不仅是当下的学习任务、本学科的学习，更大的意义在于改变学生学习的品质，提升学习能力。所以，以问题为中心更准确的表述应是“以学生的学习为中心”。

## 四、思维的补遗

“方法中心”与“问题中心”，究竟哪一类更优秀，难以一言蔽之。

美国学者施瓦布认为:“除非我们打算把一切知识看作任意的真正的教条，那我们就会把学生看成当前社会文化的被动、恭顺的奴仆。”以问题为中心，引导学生在学习中去除“恭顺的奴性”，成为学习的主人，主动去发现问题、暴露问题、提出困难，这样教师才能和学生一起试图解决问题。可能这样的学习效率不理想，常被新的问题打断，而在此方面，以方法为中心的效率是具有优势的。教师和学生都放置“插曲”不顾，一厢情愿地照着划定的路径走。就像赫尔巴特的《普通教育学》问世，标志着教育学成为一门独立、规范的学科，同时也标志着他的“三中心论”的建立。而杜威毫不留情地批判说:“已经习惯的锁链，一旦被拿去，还会想念它。”杜威提出的“学生为中心”虽然在很大程度上获得认可，大有颠覆赫尔巴特学说的气势，但至今也不能否定赫尔巴特在教育史上的贡献。

以方法为中心合适还是以问题为中心合适，这个讨论可以继续下去。所有的方法在伦理上都是中性的。方法遭遇问题和疑难的同时，会导致更多、更新甚至更难以调解的争端，需要不断吸纳全新的方法进行解决。

# 教科书中的一处改动，透露出什么？

2022 年春季，统编版小学语文教科书六年级下册中有一处较大的改动——将第四单元原先的习作“心愿”并入单元综合性学习板块“奋斗的历程”之中，成为“写一写自己的心愿”的组成部分。

综合性学习板块除了“心愿”这一写作任务，还包括其他三项任务：第一项，开展阅读分享会。让学生借助所掌握的阅读方法，特别是本单元目标中提示的“关注外貌、神态、言行的描写，体会人物品质”“查阅相关资料，加深对课文的理解”等，阅读综合性学习中提供的阅读材料，并在阅读后进行集体分享交流。第二项，制作小诗集。要求全班分成不同小组，分类搜集“红色诗词”，并在小组内研读搜集到的诗词，展开交流，最后制作成一本诗集。第三项，提供阅读材料。本次综合性学习提供了七篇阅读材料：《毛主席在花山》《十里长街送总理》《飞夺泸定桥》《狱中联欢》《伟大的友谊》，此外还有两首诗歌《囚歌》与《春天的故事》。这一增补的综合性学习板块，融合了口语表达、写作、信息搜集与整理、文体鉴赏、群文阅读等多种语文学习内容，可谓丰富多彩。

本单元的学习目标并未改变，与之前版本相同，依然是这三点：第一，关注外貌、神态、言行的描写，体会人物品质；第二，查阅相关资料，加深对课文的理解；第三，习作时选择适合的方式进行表达。教材的变与不变，必有其缘由。为什么习作板块会融入综合性学习板块呢？这样的融入，对于写作而言，是弱化还是升级呢？

新一轮课程改革背景下，全新课程标准的实施，提示着小学语文教学领域应重视学习方式变革，向着任务型、项目化、整合式的方向转变。教科书在此大环境下做出的重要调整，至少带给一线教学三个启示。

## 一、让单元学习更加系统化

习作板块融入综合性学习后，六年级下册第四单元的构成更加系统化，但其学习目标依然为整个单元学习总的“统帅”。在目标的统领下，单元中各部分学习内容关联更为密切，让整个单元学习的组合更加紧密，成为一个前后关联的系统，学习的材料更具统整性。其具体表现有三处。

第一处，选文内容更加充分，系统更丰富。本单元的人文主题是感受红色经典中的革命历史文化，选编了《十六年前的回忆》《为人民服务》《董存瑞舍身炸暗堡》三篇课文，后又增加了七篇“红色经典”阅读材料，对内容的充实是显而易见的。综合性学习板块的加盟，有利于统编版语文教科书中“红色经典”的整体选文占比提升；同时，让单元中的文化意味更为明晰，强化了人文主题。内容的集中指向与扩容，直接增强了学生对语文学科核心素养中革命传统文化的理解与传承。

第二处，目标更易于达成，系统更完善。融合与增补后的系统单元，活动形式更丰富，学生参与度更高，实践的机会更多。教科书的编者并不是单纯增补内容，而是做了精心安排。例如，习作不是突然出现，而是伴随阅读分享会与制作小诗集两个实践活动而被推出。新增的阅读材料还编撰了多处批注，提供了有效的助学信息。这些精心的部署，辅助学生明确目标是什么，理解目标“要我们做什么”，更有利于目标的达成。

例如，在《毛主席在花山》中，编者提供的批注为“我关注了描写毛主席神态、语言、动作等的语句，体会到了他的平易近人、和蔼可亲”，这一批注意在提示学生，在自主阅读时，也应关注人物的神态、语言、动作，这也有助于达成本单元的学习目标——“关注外貌、神态、言行的描写，体会人物品质”。又如，《囚歌》与《春天的故事》两首诗的批注为“通过查找资料，我了解了《囚歌》和《春天的故事》的创作背景，对它们表达的情感有了更加深入的体会”，这一批注提示学生在红色经典题材的诗歌阅读中，应更加注重查找资料，跨越年代鸿沟，增加理解的准确度，从而达成本单元第二个学习目标——“查阅相关资料，加深对课文的理解”。

同时，在整个综合性学习板块，编者对学习任务做了更加周全的解释，一再强调对单元学习目标的理解、学习任务的分解及参与学习过程意义的提醒。这些都对目标的达成构成辅助。

第三处，学习方式更多样，系统更灵动。改版前本单元更注重学生的接受，学生通过教师教读与自主阅读，学生理解、吸收、传承红色经典中的精神主旨，之后，配合习作进行表达练习。在对整个单元的学习中，训练的意味较浓，工具性色彩偏重。这样的设计留给教师执教的弹性空间较小。

改版后设立的综合性学习板块让学习的方式多样化，安排了读书分享会、诗集制作、群文阅读、诗歌鉴赏、习作表达等。方式的变化，使学习的体验感增强。这些改变都让本单元的学习具有整合的意味，从而实现项目化的升级，让单元学习构成一个微小学习任务群。这一改变，符合新课标中对学习方式变革的指导方向，也让教师在执教时有更多的设计创意空间。

## 二、增强了学习项目间的相互助力

改版前本单元的读与写有着相对弱化的关联。学生在语篇学习中，阅读了部分“红色经典”篇目，而后在写作中，未能产生明显的作用，不具备较强的迁移效果，具体表现为较大部分学生无法自觉实现自我精神、信仰、理念的提升，在表述自己心愿的时候，仅将其作为纯粹的内心独白进行表达与分享。全班在习作的互评时，无法从同伴的习作中获得精神养分。

改版后单元习作融入综合性学习板块，与前后的学习项目相关联，成为联动互助的学习链。首先，单元中的阅读学习，带给学生理念上的升华。其次，综合性学习中的先行项目，让学生发现这一次的“心愿”写作，不仅仅是抒发个人诸如“努力学习，长大后当一名科学家”的内心独白（属于心愿的“自然流露”层面），还可以有更宏大的心愿，例如，可以从革命先烈的事迹中体会到，应具备家国情怀，可以更多地关注家庭，关怀他人，关心周遭环境变化，还可以服务社会，尝试参与社会生活，瞭望世界格局变化。关于“心愿”的写作，从单纯地向内书写的内心独白，转为向外发布、公开的成长宣言。再次，分享习作，就是与他人、社会、环境订立的“契约”，是一种更高级、更有责任感的发表。通过写作，学生逐步实现了心智的发育成长。

2021 年 11 月召开的联合国教科文组织第 41 届大会发布了《共同重新构想我们的未来：一种新的教育社会契约》（*Reimagining our futures together：A new social contract for education*）报告，探讨和展望面向未来乃至 2050 年的教育。报告强调，教育将我们与世界联系起来，为我们带来新的可能性，增强了我们对话和行动的能力，提出教育可以被视为一种社会契约——一种社会成员间为了共享的利益而合作达成的默示协议。这一契约成为未来教育的共享愿景，成为教育的公共目的。习作“心愿”调整后，能让学生体验到这样的契约精神，让学习更加面向未来。

增加的综合性学习板块，让学生通过多样的学习相互助力，让原先较独立的写作得到多方协助，更容易实现能力升级。学生在前后选文的阅读中，容易在书写“心愿”片段时，受到启发与感染（阅读对其构成了支撑与影响）；在编撰诗集、交流读书心得时，查找的资料、阅读的文章都会在丰盈内心体验、优化语言表达上形成促进作用。总而言之，学生在“心愿”的写作过程中，能较自然地实现立德、立人、立志，立下宏大的心愿；通过书写，向无数优秀的中华儿女学习，为中华民族的伟大复兴而奋斗。

写作构成了对心态、心智的一种调整。这与单元综合性学习的内容增加息息相关。因为这些新增的学习活动，共同构成了更加特殊的学习环境，而环境也能产生优质的教育力量。

## 三、凸显语文学习的实践属性，优化学习效果

语文学科是人文性与实践性并重的综合性学科，但我们常常忽略或是弱化了实践属性，喜欢用教师的讲读、分析、告诫等方式，让学生通过记忆完成知识的获取、文化的传承。人文性偏重，成为学习失效的关键原因。例如，本单元在改版前选文都是“红色经典”名篇。文字中记录的是名垂青史的革命先烈，赞扬的是可歌可泣的崇高革命精神。诚然，这些都能被学生理解、接受，但效果也有可能因为教学方式的单一而打折扣。

假如学生长期欠缺学习过程的经历，失去了真实的体验、真切

的实践、真心的感受，那么学习的收效是短暂的，也可能是虚幻的。本单元在改版后将习作与诸多实践活动相关联，从而极大地提升了学生的体验感，增强了其操作性，让学生在具体的学习活动中感受到语文学科特有的实践属性。

学生参与实践，展示学习成果，而且这些成果之间是可以互证的，可以让学习的效果更牢固，获得感更强。例如，读书交流会上的信息可以作为搜集的资料，编入诗歌集；编写诗歌集中的资讯可以启迪心愿，触发感受；“心愿”写作有助于理解阅读材料中的篇目；综合性学习，一起助力目标的达成。而且在实践中，学生的学习是具有表现性的，展示的阶段学习结果是可测评的。实践中表现出的结果可通过这些进行评价：交流会上交流是否顺畅；诗歌集编写后，展示效果如何；习作分享后，心愿能否打动读者、影响同伴；等等。实践的融入，让原先“看不见”“说不清”的结果，转变为“看得见”的言行，实现了对结果的可视、可观、可评。对学习结果的评估，使学习的成效更明确、更稳定地纳入学生个体的认知系统。

教科书中这一处较大的改动，为一线教学带来的启示还有很多。在实际执教中，一线教师会有更大的发现。当下中小学语文教学进入一个全新的时代，教师不能仅盯着眼前的“这一篇”“这一段”，获取“这一个中心思想”。一味地将静态的知识获取作为学习的目的，将对结果的记忆作为效果的评测，不利于语文综合素养的提升。新课程背景下，应该打通学科壁垒，拓展学科边界，实现跨学科的整合学习；同时，以任务群重新规划学习进程，调整学习内容，让学生在相互关联、互为支撑的系统学习中，去除碎片化、点状式的知识获取，从而全面提升学习品质。

# 看不见的思维怎么教?

不少青年教师向我求助——统编版小学语文教科书五年级下册第六单元，在备课与设计上的难度大，不容易操作。这一单元的目标是“了解人物的思维过程，加深对课文内容的理解”，然而思维过程看不见、摸不着，如何教？倘若思维的过程都无法获悉，课文内容又怎能得到加深理解？

青年教师知道我设计并执教了本单元的《自相矛盾》与《田忌赛马》，询问我在设计上有什么可以分享的。以《自相矛盾》这一课为例，我先介绍基本的教学板块。本教案中共使用四种方法，让看不见的思维可视化。这四种方法恰好构成了本案教学的四大板块。

第一，还原法。抓住文中的“鬻”与“誉”，了解故事中那个卖矛与盾的楚国人作为商人的思维。其中，“鬻”字显示了他的身份，即做买卖的人；“誉”字表示他的言行，夸耀自己的商品，印证了买卖人的思维与言行的一致性。这样的还原，让学生了解“什么样的身份就有什么样的言语，就会做出什么样的行动”，初步了解思维和语言的联动性。

同时，还原街边买卖的“围观现场”，让学生联系生活，感受作为围观的路人，会怎么想，为什么会质疑，为什么会要求其进行当场实验——用最锋利的矛攻击最坚固的盾。学生借助生活中参与商品交易的经历，感同身受地理解作为“围观路人”的心态与言行，反复印证了思维和语言的联动性。

第二，辨析法。让学生分组后，各自代表一方，辨析故事中不同身份人的言行，辩论：故事中，到底是谁对，又是谁错？

经过辨析，争论双方发现：在这一故事中，没有任何人是有错的。因为不同身份的人要满足自身的需要。所以，说的话，做的事，都是从自己的立场出发，无论对错。这样的结果暴露出矛盾的焦点——既然双方都没有错，为什么结局让人尴尬？为什么故事还能成为流传千年的笑话？这一板块的教学将对思维的关注推向新的高度。

第三，假设法。与故事中的人交换身份，进行假设：将自己当作卖矛与盾的楚国人，如果仅卖矛，会怎么吆喝，生意会怎样？如果仅销售盾，又如何推销，生意又会怎样？让学生进行情境表演，感受不同的销售效果。使用这一方法，有助于学生产生切己体验，寻找到解决问题的突破口。

第四，归纳法。结合之前的学习，瞄准问题的核心——矛与盾同世而立。找到核心，也就获取了解决核心问题的方案——不可同世而立。由此可延伸得出故事蕴含的道理。教学至此，达成目标——了解人物的思维过程，加深对课文内容的理解。在全过程中，学生感受到的是思维和语言密切的关联。

综观这一教案的设计，与大家所熟悉的文言文教学相比，它有三处不同。有三件大家常做的事，我并没有着力去做。

第一件事是文言朗读。我并未刻意强调朗读。例如，在课堂中，没有让学生一读再读；教师没有反复指导朗读，也没有要求学生当堂背诵。鉴于本课属于五年级下册，学生已经有较丰富的文言文学习经历，且课外阅读中常接触文言文，所以，在课堂学习中，用来朗读的时间相对被压缩了，空余的时间用在了思考上。

第二件事是字词解释。我并未对照着注释，进行逐一解释。这是较落后、须得到警示的刻板教法。倘若让学生每次学习文言文都要对照注释，进行逐字解释，则让学习过程变得支离破碎。这样的教法，既不利于突破目标，也不利于培养学习兴趣，学习过程更是让学生感到枯燥无味。

第三件事是故事翻译。我并未刻意追求让学生翻译文言全文，讲好文言故事。本文就五句话，翻译以及获取应对考试的道理，绝非难点，不必要进行“扎扎实实地教”——这是学生已知、已会的重复教学。文言转译为白话故事，确属本教案的教学目标之一，但不属于核心目标，在时间安排上不能过度倾斜。

为什么会这样设计？为什么在学习活动安排上厚此薄彼？原来，在我的设计理念中，有三条极为关键的原则。

## 一、教学设计应确保目标达成

这样的设计意图是为了“达标”，设计基于对目标以及所涵盖的概念的理解。

学习活动起始于对目标的理解。格兰特·威金斯与杰伊·麦克泰格的《追求理解的教学设计》中，对理解有两个界定：“一是意义构建活动，二是学习迁移活动。”[①] 理解目标这一行为本身，就是变化的、不确定的。确保理解真正发生，教学自然不能满足于获取简单的字面信息。学习者应明确目标中所涉及的概念，展开围绕目标达成的学习活动，并根据目标对学习结果进行评估。

学习活动需要经历清晰的过程，在每个过程中，均有此阶段需要掌握的概念。优秀的设计应该能实现概念之间的关联与提升，最

① 格兰特·威金斯，杰伊·麦克泰格.追求理解的教学设计[M].闫寒冰，宋雪莲，赖平，译.上海：华东师范大学出版社，2017.

终实现“大概念”所涉及的目标。何谓“大概念”？温·哈伦编著的《科学教育的原则和大概念》书中，把“大概念”解释为“核心概念”。[①] 获取这样的概念知识，便能预测事物的进展过程，同时可以帮助学生理解“在校以及离开学校以后的与生活有关的一些事件和现象”。

“大概念”的“大”，是和“小”相对而言的。例如，“大概念”指“可以适用于一定范围内物体和现象的概念”，而“小概念”只能运用于特定的事物或者有限的所指。例如，“了解人物的思维过程，加深对课文内容的理解”是直接出示的“小概念”，其上位的“思维对外显的行动与表达产生的作用”则是隐含其中的“大概念”。这样的“大概念”获取无法一步到位，需要借助设计中的不同板块达成。因此,《自相矛盾》的设计也分为四个板块进行。

同时，并非仅区分板块就一定能达成目标。不同板块中的活动设计，也应是有所要求的。优质的教学设计中，不同板块安排的学习活动应具备四个基本条件:（1）使学生乐于参与，充满挑战。（2）能理解当下活动涉及的概念。（3）有助于发展技能，使其获得更丰富的经验。（4）可以通过评测，对成果进行认定。

《自相矛盾》中的学习活动，均符合以上四个条件，因此才有利于目标达成。这样的活动，使整个教学摆脱了对浮于表层的“字面意思”下功夫的狭隘格局。要设计出对学生成长有利的教学，不能瞄准“一堆文字构成的既成事实”，不要总是教“一望便知”的内容。

著名学者孙绍振教授说:“在语文课堂上重复学生一望而知的东西，我从中学时代对之就十分厌恶。从那时候我就立志，有朝一

① 温·哈伦. 科学教育的原则和大概念 [M]. 韦钰，译. 北京：科学普及出版社，2011.

日，我当语文老师一定要讲出学生感觉到又说不出来，或者以为是一望而知，其实是一无所知的东西来。”孙绍振将文本的含义界定为三层：第一层是最为简单且显而易见的通俗层面，即一望便知的字面意思；第二层则是“一望无知”“再望也无知”的隐藏层面，藏在字里行间的意思，需要去琢磨、体会、探求；第三层是更为开放的，涉及文体的流派、风格等更深邃的、富有文化内涵的意思。教学设计指向第二层、第三层时，真正的学习才有可能发生。

## 二、教学设计应致力于推动学习迈向深度

修订后的布卢姆教育目标分类学，将认知领域目标分为6个层级（图2-1）。其中，涉及应用、分析、评价、创造的，为高阶思维。[①] 教学设计应有助于学生自我激活高阶思维，参与并会逐步迈向未知的、更深的学习领域。

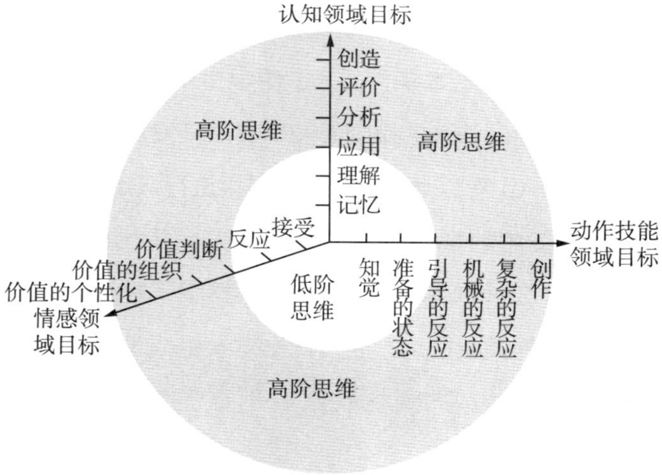


图2-1 认知目标的6个层级

① 黄显涵，李子建．西方评价理念的转型之路：兼谈对中国课程改革的启示[J]．教育发展研究，2013（20）：36-40.

“深”不是让学生沉溺于无法抵达的层面。布卢姆的高阶思维与美国学者韦伯提出的“知识深度模型”（Depth of Knowledge，简称 DOK），有极大的对应性。DOK 是一套学习成果评价的程序、方法和具体技术，已经成为美国 K-12 教育（美国基础教育的统称）领域推动学生深度学习、培养学生高阶思维与核心素养的教学设计工具。在该模型中，韦伯将知识深度分为以下四个水平：

水平一是回忆，包括回忆信息、简单运算或使用公式等。

水平二是技能与概念，包含智力运算的参与，学生不仅仅是做出习惯性反应，还要做出决策来处理问题或开展活动。

水平三是策略性思维，要求能推理、计划、使用证据。

水平四是拓展性思维，在一段时间里进行复杂推理、计划、设计与多重思维。

水平三与水平四指的是“学习的复杂程度”，而不是一味地提升难度，都涉及高阶思维。可见，高阶思维下的学习旨在提醒教师，不要让教学停留在要求学生进行简单记忆复现、字面理解等区域，而应不断激活思维，让学生进入自己未曾知晓的“深水区”，通过探究、个体不断地建构，让思维变得更加活跃，产生全新的学习结果。在上文案例中，学生不断参与的学习活动有比对、关联、辨析、争论、审视、鉴定，得出的结论是在学习之前不曾有的，也是未经深度学习不可获得的。学习中思维活跃，各种思维活动交织在一起，共同促进目标达成，具有深度学习的特征。

## 三、嵌入过程性评价，让评价也成为学习

为了推动与保障高阶思维在学习中真正发生，我的教学设计中极为关注如何“评价”的问题。厄尔（Earl）针对评价提出三类观

点：一是“对学习的评价”（assessment of learning），评价主要监测、评估、考查学习的过程与结果，帮助教师掌控学生的学习情况；二是“为了学习的评价”（assessment for learning），评价是为了促进、改良、推动学习的发展，带来教与学的转变；三是“评价即学习”（assessment as learning），评价本身就是一种学习，具备学习的过程，产出学习的结果，带来学习者的认知改变。[①] 优质的设计，不会简单地在学习活动结束时，一次性给予定性评价。在学习活动中，嵌入过程性评价，才能对目标的达成起到保障与推动作用。

处于结果出现时、产生时的定性评价，会导致“教什么”就“评什么”，评价对教学的依附感特别强，教学就会朝着设定的结局发展。同时，由于学习过程的复杂性，教师很难保证评价能实现对过程中“小概念”是否达成进行评测，也容易造成评测与纸笔考查相联系，成为考查的附庸。考虑到以上原因，在教学设计中，应实现评价在整个学习过程中的嵌入，让评价本身也成为某种形式的学习。

例如《自相矛盾》中的评价就是嵌入式的。当学生进行场景演绎的时候，让学生调动个体生活经验，对故事中人物的表现进行基于直觉的评价，说出此时的心里话。又如，组织学生讨论“对”与“错”，进行辩论时引发同伴之间互评，进行理性色彩浓郁的整段评价，让真理越辩越明。再如，针对核心问题——为什么会造成这样的结果？评价则成为学生的一段微型演讲。所有的评价不是简单的鼓励，不是为了得到教师期待的“正确答案”。相反，教师对评价的

① 洛林·W. 安德森，等. 布卢姆教育目标分类学 分类学视野下的学与教及其测评[M]. 蒋小平，张琴美，罗晶晶，译. 北京：外语教学与研究出版社，2009.

期待，恰恰是学生自我的创意理解。以评价推动学习，评价本身也是学习的组成部分。

教学是看不见的“思维”，教学要有所设计，朝着目标不断推进，学生才能在过程中感受到学习的乐趣与魅力。

# 什么是课堂学习中的“第三类接触”？

在美国学者戴维·珀金斯所著的《为未知而教，为未来而学》中，作者邀请读者一起回忆了斯皮尔伯格执导的经典电影《第三类接触》（*Close Encounters of the Third Kind*）。

什么是“第三类接触”呢？电影的名字来源于人类与外星人不同层次的接触。“第一类接触”，人类只是看到了外星飞船。“第二类接触”，人类发现了外星人遗留在周围环境中的证据。“第三类接触”，人类直接看见并与外星人有了面对面交流。

将三类接触用于联想学习的效用，就变得简单了。

在课堂学习中，看到“外星飞船”，即出示了知识条款；之后，教师从文本中找寻证据，证明这一事实。实际上，在讲述知识的时候，教师已经宣布其“无须证明”了，从知识的溯源、概念的面貌、事实的层面，标榜了它绝对正确。证据的搜寻，更准确地说是一种心理安慰，用以强化对知识的认定。长期的“认定—储存—再认定—再储存”的循环，使学生的大脑类似一个“拥挤的车库”——旧的出不去，新的进不来。

可见，问题出在没有“第三类接触”。学生无法与即将形成的知识面对面，没有质疑，无从对质，探索真相的意趣就缺失了。接受知识条款，开展针对事实进行记忆、浅层加工的学习，成为课堂中学习的主要形式。约翰·D. 布兰思福特等著名学者共同编著的《人是如何学习的：大脑、心理、经验及学校（扩展版）》中，已经明确了学习者“需要了解自己所拥有的知识在何种境脉中可以被使用，更需要明确这些知识如何被使用”。教学的失败，部分原因就是学生的自然习得方式与课堂进行教学的方式、要求不匹配。

教学中，如何让学生拥有“第三类接触”的体验呢？以统编版小学语文教科书三年级上册的“预测策略”单元为例，其中自读课文《胡萝卜先生的长胡子》是一篇非常有意思的课文，但教学时可能产生了“车库拥堵”的效应。教师不断告知学生要积极预测，可以在哪里预测，预测了有什么用，这类似于在车库里停放的一辆辆“老爷车”。

即便这些知识的告知被伪装为“苏格拉底式的提问”，教师细致地不停追踪、深入……但实质上教师仅通过提问检查学生是否知道答案，而不是通过提问来启发学生寻找或探索答案。

告知有用吗？能用得上吗？学生学习预测后，要用在课外的阅读中，而学生在读书时，使用效果堪忧：其一，用不上，学生读的书很少涉及需要进行预测的；其二，不好用，学生阅读的方式以精读为主，咬文嚼字，仔细品味，预测在这样的阅读方式中无处发力；其三，不需要用，教师指导学生阅读，意图大多为积累词汇、传承文化，最多还试图为写作提取知识，预测在这样的阅读中也是无用武之地。

因此，课堂上学生收获的是一辆辆“仅用以停放的老爷车”：停入车库后，就不用开了；一段时间后，也启动不了了，很快，就会成为沉没在大脑深处的、类似沉船一样的知识残骸。教学的无效就此产生。

如何让学生在课堂学习中遭遇“第三类接触”，让学习真正发生呢？我就《胡萝卜先生的长胡子》一课，以及该单元的学习目标

"学习预测的一些基本方法"，提出三个改良建议。

## 一、直临学习现场，与文本对质

此课为自读课文，教师不要着急讲预测方法，可以让学生自己读，自己发现。学生很容易看到在文本最后部分，"胡萝卜先生的胡子刚好在风里飘动着"之后是一个省略号。后面到底省去了什么呢？教师引导学生在自读后进行对话、猜想，预测后续情节。从阅读之后，学生可以直接开始此处的对话，教师以平等的姿态进入，重视推动学生在对话中与文本的直接"对质"。

1990 年，一门揭示思维的本质、展现学术研究的深层模式的新颖而独特的课程，彻底打破了哈佛大学长期以来"一位教授一言堂"的传统。"思考思维"（thinking about thinking）这门课程汇集了哈佛大学的三位"明星"教授：法学院的艾伦·德肖维茨（Alan M. Dershowitz）、古生物学家斯蒂芬·杰伊·古尔德（Stephen Jay Gould）及哲学家罗伯特·诺齐克（Robert Nozick）。课程源于德肖维茨教授听了古尔德教授的课后发现，两人看待问题的方式差异悬殊。那么，为何不公开地讨论这种差异呢？后来，平等的讨论就成为知识炼制的最佳反应过程。

## 二、虚拟学习场景，与作者对话

在学生有了初步构思之后，其实已经在执行着预测。此时，教师可以向学生介绍课文的作者王一梅。介绍的意图是将学生带进一个学习场景，布置一个学习任务——向作者王一梅推荐自己设计的情节，让其在下一次修订故事时采用。此处的"推荐"，可以借口语交际的方式进行，也可以进行片段写作，学生在为"获得推荐成功"

的任务驱动下，极为用心、用力地用上所学的知识。

教师还可以带学生“回到文字现场”，去发现作者的写作密码。这一设计依然在创设的任务情境之中，即要想推荐成功，必须和原文保持一致；注重原文的表达细节，让作者感觉熟悉。如原文中写到小男孩遇到的困难是“风筝线太短”，胡萝卜先生的解决方案是“剪了一段”。同时，文中有细节的描写，如“扯了扯胡子，他确定足够牢固”等，可以指导三年级学生关注表达细节，欣赏文字魅力，使语文课堂更精细。教师在执教的过程中，可以指点，可以提示，但不做要求，相信在任务驱动下，学生能在原有基础上自觉往前走一步。

之后，教师出示作者原文进行比对，学生才发现，再往下写时，并不需要那么多类似的情节。因为胡萝卜先生原本是要去配眼镜的，所以故事的结局是在白菜小姐的眼镜店中配好了眼镜。此时果酱的功效也差不多消退了，胡子也不再疯长了，故事也就结束了。比对后，学生真切感受到一则好故事要有情节，有细节，环节还要完整；故事的起因、经过、结果，都得考虑。一些概念化的知识，得到了具体生动的演绎。

### 三、真实写作运用，统整单元学习

本单元的习作为“续写故事”，正是学生运用在阅读策略学习时获得方法的机会。根据三幅图，进行预测，加工文字进行表达；既要让故事的情节往下推进，使故事完整，又可以尝试让读者感到意外，获得阅读故事时的惊喜。

教科书的习作页面设计了连环画展示故事的起始环节：同学们兴致勃勃谈论着自己的生日，李晓明同学感到失落，因为他的爸爸妈妈在外地工作……同学们策划着如何给他过生日。学生阅读教科书后，运用所学的知识来构思——写出同学们的策划和方案，让情节顺利发展；同时要制造一个让大家都意外的“惊喜”。也许，是李晓明的爸爸妈妈通过远程视频祝福，委托他人寄送蛋糕，班主任、校长也来关心……写作前的构思就是对三幅图提供的故事的解读和预测，作品的创作就是将预测的成果展示和分享，所学立刻可以用。

这就类似于《第三类接触》中的与外星人面对面交流。学生不仅能直面知识，还能运用知识，满足在具体表达中服务自我的需求。这样的学习，使得预测学习的结果是一辆动力十足的“跑车”，因为要随时启动，所以停放在车库的最佳通道上。在之后的阅读、写作中，如果教师能辅助推荐适合的作品，布置适合的任务，学生将更有收获感。

我在创作儿童文学时，与此有关的“第三类接触”不断给我动力。大约 10 年前，我创作的第一部书《作文笑传》出版；此后一部部持续地写，都源于对故事未来的猜想。可见，学生也好，成人也好，一种能力真正被使用了，才是将知识学到手了。

# 如何像“做研究”一样学习语文?

由美国学者 R. 基思 · 索耶( R. Keith Sawyer )主编的《剑桥学习科学手册》( 第 2 版 ),是历来为学术界研究参考的热门书。此书中专项介绍了时下备受关注的基于项目的学习。

这是让学生“能够像科学家、数学家、经济学家、作家以及历史学家一样”进行的学习。学生参与的时候,如同“做研究”一样,去关注真实存在且富含意义的问题。学习,不是仅靠着纯粹的“想”就能解决的,必须经历“做”的过程。研究中的“做”,并非仅指户外的探查、访问、实验等“施工”活动,更指课堂学习中的若干行动,诸如基于项目的质疑问难、条件假设、问题调查、辩论解释、引用论述。在此过程中,同伴也许因为持有不同观点,成为彼此的“对立面”,相互间展开挑战、辩驳,在说服对方的过程中共同进步,同时也更新自己的想法。

基于项目的学习,项目根据其容量和难易程度,可以分为大项目和小项目两种。大项目延续时间长,涉及范围广,动用资源多。相对而言,课堂学习中可以启动小项目——问题集中,有限耗时,当场收效。下面以统编版小学语文教科书五年级下册《自相矛盾》一课为例,分享课堂教学中小项目的学习设计。

该课所属的单元学习目标为“了解人物的思维过程,加深对课文内容的理解”。目标就是项目的“标的”,是学习时要集中解决的问题。针对这一特殊的问题,在展开学习时,具体怎么做呢?项目的难点就在于，对“看不见”的思维进行“可视化”的转变；转变了，就可以被了解，问题就得到了解决。转变的过程就是重演思维的学习过程，转变的结果就是目标中期待的“加深理解”，如何实现“转变”是项目组要攻关的学习难点。

《剑桥学习科学手册》（第2版）对基于项目的学习提出了六大关键特征。结合我国一线教学实情，可以将其统整与归并，总结为四个特征。对照《自相矛盾》一课的项目式学习设计，解读如下：

## 一、从核心问题出发，驱动学生在学习中完成任务

开展项目式学习的首要条件，就是发现值得探究的问题。这一问题是学习中真实存在的，是必须得到解决的。问题确立后，以问题驱动整个学习过程，直至获得结果。可以说，确定最核心的问题，是学习的前提。

在《自相矛盾》一课中，教师和学生共同需要面对的问题是：“卖家”和“买家”的思维，究竟是什么情况？即故事中的人，当时到底是怎么想的？问题统领着整个学习过程，驱动学生主动去探索。因为这不是一个良构问题，而是一个劣构问题——缺乏直接获取的确定条件，存在未知的成分，有多种解决方法，没有现成的答案可供参考。

驱动学习的好问题，必须是劣构问题。劣构，才具有探索的必要性，具有学习的价值。因为缺损的部分，正是丰富而广阔的学习时空。更重要的是，劣构问题才是深度学习中问题的代表。上文中，“卖家”和“买家”的想法谁都不知道，学生也无法穿越千年去实地采访，只能通过对文本中只言片语的理解，进行多方关联，实施探究行动，才有可能解疑。

如何确定核心问题？根据统编版小学语文教科书的编撰特点，单元导读页面直接提取了核心问题，即理解单元学习目标中产生的问题；此外，还需将单元目标指定的问题与文本中析出的问题相融合，得到项目学习中最值得探究的核心问题。

## 二、锁定目标，组织学习实践，围绕问题展开探究

在探究过程中，学生和教师互为学习伙伴，协作寻找解决问题的路径。在此过程中，教师需确保应用适合本学科的方法来解决问题。例如语文课堂学习，探究时可以通过文本细读、互文关联、问题辩论、信息增补等方式，让课堂学习充满学科特质。

《自相矛盾》一课的问题探究，围绕核心问题，安排了四个探究板块：

第一，文字品读。牢牢抓住文言文中的“鬻”和“誉”两个字，探索故事中做生意的楚人的思考方向是什么，在这一思考背景下，他的推销言语是否恰当。文字品读让探究活动从语文素养最根本的层面展开。

第二，情境表演。借助对文本的理解，还原文言所描述的现场，让学生进行现场模拟，体验“买”“卖”双方的思维和行为，体会“思”与“行”之间的关联。

第三，链接生活。联系生活中实际或者网络购物的经验，理解“买家秀”和“卖家秀”的不同的心理，以及在这一心理作用下的不同言行表现。纵观古今，以今喻古，加深理解。

第四，问题辨析。充分关注卖矛和盾的人与围观群众的不同视角，辨析“到底问题出在谁身上”。至此，探究活动涉及关键节点，触碰核心问题。四个学习板块都与目标相关，成为核心目标的“子

目标”，成为总任务的“分支任务”。探究的结果汇聚起来，就是对核心目标问题的解决。

## 三、在疑难处，教师提供技术支持，搭建“脚手架”帮助学生提升

项目式学习中，学生一定会遇到一个“坎”，即学习中的难点。难点的出现，意味着学生将要获得真正的提升。教师必须认识到，难点是学生以现有水平，经过简单思考所不能抵达的学习领域。

对于难点的解决，可以使用班级合作的方式，这是班级授课制中的独特之处。即便是合作，教师也不能放任自流，应在合作中提供一定的技术支持。更多的时候，独立解决问题的能力是需要重视与培养的。当学生独立面对问题时，教师更应搭建“脚手架”，让学生借力攀登，实现进阶。可以说，项目式学习的价值体现就在于呼唤与期待难点的出现。

例如，在《自相矛盾》一课中，学生能判断出，故事中卖矛与盾的人从做生意的角度看，其思路和行为都是“没问题”的：要卖出商品，就要极力推销。故事中围观的群众，思路也没问题：要购买商品，就要质疑，就要尝试，要让商家展示使用的效果。既然双方都不存在问题，为什么这个故事会成为给人以警醒的寓言故事？故事中卖矛与盾的人，为什么会“弗能应也”，最终成为大家的笑柄呢？问题究竟出在哪？这就是关键问题。

针对关键问题，教师提供三种方法，作为解决问题的“脚手架”。

（1）还原法。让学生借助思维，还原“事发现场”，使问题被更彻底地暴露——卖矛与盾的人，同时持有互为攻防的两件商品，就

构成了矛盾关系。此时，越是夸耀两件物品的威力，越导致矛盾激化。还原问题发生时的现场，让问题暴露无遗。看到问题，有助于看到真相。

（2）假设法。让学生进行身份假设——如果我就是那位“楚国人”，如果我只卖矛，或者只卖盾，会怎样？卖矛时只夸奖矛，卖盾时只夸奖盾，销售业绩会怎样？改变条件，推演问题，得出全新的结果。

（3）演绎法。将假设置换成现实，让学生分别扮演“卖家”与“路人”，进行交易，做出选择。例如，“卖家”只推销矛，向“路人”介绍矛的锋利，请“路人”决定是否购买。又如，“卖家”只推销盾，向“路人”进行演示盾的坚固，再请“路人”决定是否购买。让学生在演绎后的集体学习中，展开比对与讨论，得到全新的学习结果，印证之前的推测，抵达问题的核心。

三个“脚手架”，让学生自悟故事中的楚人最大的问题就是让矛与盾这两件互为攻防的事物同世而立，并希望同时推广。发现问题，展开学习，便能使问题得到解决。在项目式学习中，学生解决问题的能力也得到发展。

## 四、问题的解决结果，能通过设定的评估标准

这一条还有一个隐蔽的含义——评估的标准，要事先设定。

在问题解决后，立刻用事先设定好的标准进行核对，让问题的结果得到公示，成为“立得住”的学习成果。例如《自相矛盾》中的核心问题是“了解思维过程，加深理解”，设定的评估标准有如下两级。

基础标准：“三通”。通文字，读通；通文意，读明白；通文理，

读到故事中的道理。这一标准在学习的初级阶段就要完成。

升级标准:“三明”。要实现加深理解，就要明确故事中的核心问题；明白事理，借助学习结果给生活带来启发；明辨是非，利用道理，对生活中真实事件进行判断，解决问题。

在本课项目学习的最后环节，教师还可以出示一个情境话题，让学生进行辩论，提供解决方案。

情境话题：妈妈认为沉迷网络对学习不好，爸爸主张上网查资料才能更好地学习。这一对矛盾该如何解决呢？

学生在辨析时，能够认识到网络的两面性，知道上网学习与回避网络成瘾间的关系，借助之前的学习收获，做出判断，评估行动，选择化解问题的方案。由此，项目学习才达到了更高的层次，收到了更圆满的结果。

基于项目的学习，让学生体验“科学家做研究”的感觉，学习的过程是充满乐趣的，学习的结果能对生活起到指导作用，是真正学有所成的。

# 教学“一望便知”的内容，能行吗?

一位青年教师在听课后和我交流，说出他的疑惑——为什么我的课上，很少针对一些字词反复较劲儿？例如，别人的课都喜欢“抓”的关键词，都喜欢问的“这个词是什么意思”等，为什么在我的教学中很少出现？

我理想中的语文课堂，应成为大开大合的思维碰撞现场。学习时，学生的大脑如同高速运转的机器，是输出思维的发动机，时刻是滚烫的：原有的充满惰性、自认为擅长的技术，如今要被运用在陌生领域的探索中，不能照常规演练，无法做到游刃有余；原本陌生的领域，如今要勇敢而好奇地探究，直至将其纳入已知系统，因而可能不容易胜任；原先的学习套路，如今要被打散，置身在未知的挑战中，充满了好奇，也有些许迷茫……

改变在备课时开始，在执教时演绎。我总喜欢尝试打破常规，以经典课文《猫》为例，教学点的选择没有停留在“一望便知”的文字上。针对四年级学生，原来费力讲授的内容，联系上下文语境，读文后完全可以自悟。例如：“说它老实吧，它的确有时候很乖。”这里的“的确”，最佳的学习方式就是朗读，不需要多讲。又如：“它决定要出去玩玩，就会出走一天一夜，任凭谁怎么呼唤，它也不肯回来。”此处的“任凭”，融合在语境中可以理解，抽离出来单独品味就显得突兀。再如：“它要是高兴，能比谁都温柔可亲：用身子蹭你的腿……”关于动词“蹭”，学生在生活中有体验，不必大费周折地演绎。在我选择教学内容时，以上这些明摆着的教学点，不是重点。

至于本课的生字词，我采用课前自学与课后补学的方式进行。在课文学习时，遇到需要解读的可以随文学习。这样的设计思路，能在最大限度上确保学生思维的完整性，学习活动不会被随时插入的生字词讲解而打散。特别是进行整个单元的统整教学时，各课的生字词学习会集中在一个课时中完成。

孙绍振将文本的含义界定为三层，其中居于第一层次的“一望便知”的内容，是无法让学生“沉浸”其中的。美国心理学家卡尔·罗杰斯认为，学习不是将无助的个体牢牢绑在凳子上，再往他们脑子里塞满那些没有实际用处的、得不到结果的、愚蠢的、很快就会被忘记的东西。不少教师坚持以这些内容进行“语言的积累运用”教学，虽属可行，但在学生长期生活于母语环境中的前提下，很多时候可以直接越过最粗浅的积累层面，指向语言背后更为隐秘的“思维的发展与提升”的教学。因为长期在熟悉的内容中盘桓，磨损的是学生对学习的好奇心；进入挑战空间，则会激活学生的探索欲望。

卢梭认为：“让孩子们产生学习欲望，一切方法都会是好方法。”假如不知疲倦地让学生吸收自己一读就懂、一看便知的内容，还要装作很兴奋的样子，他们就会败坏胃口，厌恶语文。选择“一望便知”的内容进行教学，很大程度上说明“教”与“学”在本质上是“杯”与“壶”的关系——教师将自己认定的需要讲授的内容，编制进课程，确保传递所谓重要的事实或知识，将“壶”中水稳稳倒在“杯”中。

我期待的语文学习，是什么样的呢？课堂教学中，如何让学生沉浸其中呢？法国学者安德烈·焦尔当在《学习的本质》中提出：未来的学习，排位第一的不再是教授学科内容，而是在学生身上建立一种对知识的开放性，一种走向困难的、不熟悉的知识的好奇心，一种可以应对当前挑战或即将到来的挑战的探究模式。

焦尔当所描述的“探究模式”是什么样的，应该如何建立？以《猫》这一课为例，我的设计思路如下。

## 一、教学设计时的“抛锚”

如果认定学习的意义在于面对未来，适应未来多变的环境，获取独立的“应对情况—发现问题—解决问题”的能力，那么教师从设计的格局上，就不会迷恋那些储存在大脑中容易“过期贬值”的冷知识。好的设计架构是让学生充满好奇地去弄清真相，基于问题去检索、搜寻、分析、整合资讯，挑选出可供使用的信息，达成学习的目的。

这样的思路让学习类似于“抛锚”：定点，设定好一个值得汇聚力量来解决的问题；探究，围绕问题以及周边展开，进行信息统整，延伸探索，不断进行深入；援助，嵌入教师的辅助，提供“脚手架”，推动学生进入“从发现目标到达成目标”的体验过程；迁移，完成阶段目标，获得探究的收获，应对生活中真实的情境与问题。

《猫》这一课的“锚点”即“对性格如此古怪的猫，老舍先生如何表达喜爱的感情”。要知道，老舍先生爱花如命，而小猫则将院子中的花弄得枝折花落。这一问题源于文中看似矛盾的表述——一方面说猫古怪，一方面表达喜爱。问题是较为典型的劣构问题。

正是因为问题本身存在的矛盾，这一劣构问题足以引发学生的兴趣。问题本身就对既定的答案带有质疑的色彩；同时，对结果的探究过程充满了争议，具有不确定性。回答问题的过程，将伴随学生认知的改变。问题的回答即本课学习目标的达成——体会作家是如何表达情感的。

基于学习的需要，“抛锚”即对教学内容实行“抓大放小”，最难做的取舍也随之确定了。

## 二、促进教学成果的“产出”

这里所说的“产出”，就是要获得学习效果。在学生将外部传导的经验“转换”成个体持有的知识、能力后，教学才算取得成果，才算有产出。“转换”的发生，就是教学成效的关键。但并非所有的经验都能顺利“转换”。优质的“转换”需要提供条件保障，具体有三个：其一，关联，接收的信息、经验和已有的经验能够融合，不会互相排斥，因为大脑只接受自己认可、喜欢的知识。其二，确证，即相信新加入的信息是真实的，是对自己有利的。“用得上”的知识和能力备受大脑喜爱。其三，消解，新的信息可降解、能内化为个体可接受的程度。“舒适感”是大脑接收外来信息并存储下来时的美好体验。

为确保顺利产出，在设计时，教师需要列出清单，了解本次教学受众群体的基本情况；列出清单前，至少要调研三个项目。

项目一：教师期待本次学习中达成什么目标？这项可以“共享”教科书中直接出示的学习目标。例如《猫》的学习目标，在教科书中就确定为“体会作家是如何表达对动物的感情的”。

项目二：本次学习中，学生最关注的是什么？例如对《猫》的学习，学生特别关注作者是怎么写猫的，是如何表现猫的可爱的。

项目三：学生具备了什么？例如针对《猫》的学习，学生从该单元的《母鸡》《白鹅》等课文中，已经获得了一些写动物的方法，教师在教学时就可以关联、迁移、变换、提升。

这样的准备工作，能在很大程度上保障“产出”，但不要以为做到这些就能高枕无忧。要知道学生的大脑是灵动变化的，没有一刻是固定不变的。也就是说，“产出”的成果可以充分“预设”，也可以随时、随机“建设”。这就要求教师设计教学时需要留有余地，在学习发生的过程中，真诚关注学生的表现，嵌入评价，促进“产出”。

例如在《猫》的教学中，教师根据教科书中的“小练笔”，预设学生能模仿作家在文中运用的“正话反说”的方法，写一写小动物。但真实的情况是，学生并不能胜任这样的语言练习。这是老舍这样级别的作家才能驾驭的高级语言技巧，对于学生而言，难度系数特别大；即便单元中的《母鸡》《白鹅》都采用了这样的方法，他们也不能在短时间内掌握。此时，教师应关注学情，将“模仿”的学习要求调整为“欣赏”。最佳的设计是经历较低级的直接模仿后再欣赏，这样做效果更好。

在课后，教师可以结合实际情况，寻找“降维”的原因。例如写作，提供支撑的力量除了源自作者自身的能力因素，还涉及一些非能力因素。其中，源自自身的能力如下：清晰知晓“正话反说”这一陈述性知识；能顺利操作，具备程序性知识；能自我监控写作过程，做好修改与提升……这些都会影响写作效果。来自非能力因素的还包括写作时的动机、对话题的兴趣等。可见，总在学习时搞“突然袭击”，让学生提起笔写一写，未必是学生力所能及的最佳选择。

在设计之前与教学活动展开时，更多的探索是学生的大脑究竟思考了什么。这样的思路有利于获得优质的学习效果。

## 三、成为学习中的“伙伴”

教学的所指就是“教学生学会学习”。教师在此过程中扮演的角色，应从“壶杯关系”中倾倒知识的传授者、供给者，转变为学习过程的参与者、学习活动的组织者、学习发生的促进者、解决困难的辅助者、学习成果的分享者。教师的身份应是学习中的“教练”，更进一步的身份是学习中的“伙伴”。

伙伴最大的特征在于平等的关系，教师杜绝自以为天赋的教学霸权，不将学生引入预设的计划中。时刻最关注真实的学情，掌握学习的动态，有助于确保推动学程进展，在适当的时候炼制知识，促成交往或对质，伙伴才能相互了解。例如：学生的疑惑是什么？突破点在哪里？思维的路径是什么？伙伴与伙伴之间，可以毫不吝惜地给予建议和鼓励，在迷茫时指出方向，协同抵达目标。作为伙伴，教师在学习的过程中应和学生一起发展。

以《猫》为例，作为爱猫、养猫之人，我在教学设计时就从切身体会出发去思考——如何让我的学习伙伴与我有同样的体验？我相信老舍先生写此文，也有同样的意图——让天下知道猫的人有共鸣，让不了解猫的人有兴趣。于是，教学就成了一个辩论场，伙伴间进行一场讨论：老舍笔下的猫，到底是古怪还是可爱？

开放式的讨论让伙伴们异常忙碌。学生要做的事有查证、引述、争议、表达，充分调阅文本，在字里行间走了数个来回。当双方僵持不下的时候，教师这个特殊的伙伴在旁点拨：其一，提示文中运用的是“正话反说”的方法，提示伙伴发现运用方法的具体片段。其二，提供互文辅助，让伙伴回忆《西游记》中如来佛祖和孙悟空之间的关联：悟空再顽劣，也逃不开佛祖的手掌心；老舍对爱折腾的猫，也可以掌控。

充分展开学习后，师生共享学习成果，认识到老舍表现对猫的喜爱，除了运用技法表达，更多的是在字里行间投入纯美的情感。这种情感超越《西游记》中佛祖与悟空的关系，更加平等和宽容，是大爱。最后，我还和学生分享了与猫的日常。在我的生活中，工作、学习、休憩，均有猫陪伴，猫融入了我学习生活的各个场景。

这样开放的学习空间设计，去除教师单方面指定的文字评析，给予伙伴相互支持、协作的机会，实现了平等相处、共同受益的优质关系。

# 教师的教学主张应该怎么提？内部结构是什么？

福建省第二届“教学名师”培养工程于2022年1月完成最后的考核——现场答辩。回想起在福建师范大学参与的为期五年的学习与培养工程，我深感幸运。

在余文森教授为首席导师的导师团带领下，参与培训的教师各自提出并逐渐确立了自己的“教学主张”。阅读相关的文献资料，从中可以发现：各地名师培养都以“教学主张”的确立为主要的攻坚项目。国家督学成尚荣教授以及首席导师余文森教授都有多篇对名师教学主张的论述，这些是我们的学习指南。

从2017年参与福建省第二届“教学名师”培养工程开始，我就提出了“生动的语文”这一教学主张，相关主张的论文连续发表在中文核心期刊《教育评论》上；同时以“生动的语文”为主体，开展了两个省级专项课题研究。目前，“生动的语文”正在全国设立“基地校”项目。

那一次现场答辩后，我对“教学主张”又有了更多的思考：教学主张究竟意味着什么？教学主张展示着什么？教学主张透露着哪些信息呢？

反思从最先的没有主张开始，到逐渐提出主张，再到确认主张，又到对主张的推广与延伸，我慢慢看到了教学主张的

“里”“中”“外”三层结构。

## 一、教师的教学取向与偏好

例如，我的主张为“生动的语文”。“生动”作为核心词，与我的性格特征有关——为人随和，课堂上多见幽默言行，让人感到生动。所以，以“生动”对教学进行界定、形容、取舍，正体现了我个人的教学偏好。

然而，仅有这一层是极其危险的，如同外衣，很容易污损。在我的执教经历中，记不清楚有几次，遭遇持有其他风格主张的教师的批评。他们指责说，语文课不应该是这样的！甚至有一次，一位教研人员在我执教后当面质疑：为什么上这样的课，学生还会有笑声？这怎么可以？那一次，我执教的是严肃题材篇目。课堂上有笑声，的确有很强的“违和”感。说实在的，当时我都怀疑——语文，可以生动吗？

可见，仅在最外层确定主张，很容易被环境干扰，特别是环境中“人”的因素，起到的影响巨大。那节课有笑声，暂且先不说“可不可以”。回想往常，我也明显感觉到，教师圈里不少人对幽默、游戏、生动这样的字眼是极为反感的。所以，一线教学圈常在争论：课堂是静悄悄的好还是闹腾好？实际上，这样的争论从一开始就没有定论，争论的内隐议题是“你喜欢什么样的课堂氛围”。这就如同吃饭的喜好——盐多和盐少，哪一种更好？

从以上案例可以发现：教学主张的确定，仅停留在最外层，因个人的取向与偏好来确定，是靠不住的。提出主张快，主张的消亡更快；即便没有被摧毁，也常遭遇攻击。

人，最难以戒除的就是坚持己见。突围第一层，教学主张就有了长久确立的可能性。

## 二、教师的思维逻辑

这里是指教师处理教学事件，接收教学信息时，那些惯有的、近乎自动化的方式。请注意，这是长期教学中累积起来的素养。

仍以“生动的语文”为例。这一主张提出至今，已有五六年光景了，该教学主张还存在着，且有了几所研究基地校。为什么它会这么有生命力？要知道，其间不乏各种当面的批评与事后的围攻。

因为“生动”不仅是外显的特征，还有生动的思维做支撑。

光把课上得很生动，是不能持久的。例如那节严肃题材的课，有笑声，就遭遇“一票否决”，因为将“严肃”与“笑声”放置在一起，是要激起众怒的。然而，是否有笑声，还真不是关键。严肃的时候，也能有笑。那位评课者，如果看得懂周星驰电影，就不会草率地做出那样的指责了。可惜，周星驰在一些人眼中，也是龙套丑角。

问题的关键在于，背后支撑“生动”这一显性特征的，是一股什么样的力量。

我的这股力量，是生动的思维、生动的申辩力、生动的师生交往、生动的课堂组织形式……如果是这样，“生动的语文”就能在支撑下步入深度学习区域，学生在学习中就能触碰到高阶思维了，犹如有神相助，自然登极。在安德森修订的“布卢姆认知目标分类”层级中，涉及理解、评价、创造的，属于高阶思维。在韦伯提出的“深度学习模型”中，也明晰地区分了“浅层学习”和“深度学习”。

是否进入深度学习，是否具备高阶思维，一切的差别都因为一个关键词——思维。倘若在教学中能注重思维与逻辑，能辅助学生的思考更具生动性、持久性、深刻性，那么所支撑的“生动的语文”教学主张，就有可能引领学生体验学习真正的乐趣了。此时的生动，是来自内心的愉悦——笑了，你未必看得见。

例如我执教的《田忌赛马》，不在田忌和齐威王安排马的先后顺序上进行纸上谈兵式的演练，而是在田忌与孙膑对话中寻找思维的踪影。通过人物语言的信息去分析语言背后的思维动向；同时，从田忌赛马后与孙膑的合作发展，一起为齐国建立的功勋中，倒转回现场，反观田忌赛马中孙膑的思维格局。学生将“赛马”这一片段放置在更长的历史年轴中，能够看清孙膑思维的非凡水平——当时，他就已经运筹帷幄，做了长远谋划。

那节课上，我一直在笑，但大家没看出来，我是为学生进入深度学习而高兴。

中心层就是核心层。教学主张的核心就是教师面对一个教学内容、教学事件，以何种方式去接收信息、处理信息，以何种方式引导学生去思考。教学的逻辑是什么？倘若有了明晰的思维支撑，教学主张就不会再拘泥于外部形态，也不再受一些词语所限制、影响。例如，“生动的语文”也可以上出有些悲情、有些哀怨、有些深沉的课。

我曾经执教的《唯一的听众》《最后一头战象》《十六年前的回忆》《桥》等课文，也可以有笑声。其实，那近似于“红军不怕远征难，万水千山只等闲”的乐观精神。

## 三、教师对教学的元认知

这就是教学认知中的“初心”，或者也可以看成是教学中的本色水准，即教师在接受教学任务时的理解力、执行力，也可以是处理任务时的策略构想等。这些都是教师教学元认知水平的综合表现。

教师对教学认识到什么程度，怎么理解教学，鬼使神差一般，就会提出何种教学主张。

以“生动的语文”为例，在我的元认知里，语言发展的最高水平，应该是生动的、适切的；思维素养的最高水平，应该是灵动的；审美的鉴赏与评价、甄别，也不是僵死不动的，而是灵动的；要传承的中华文化，更应生动丰富。从早先的图腾，到甲骨文，再到今天各种各样的文化形态，哪一个不是生动的呢？所以，“生动的语文”正与语文学科核心素养密切相关，是核心素养的凝练与概括。

正是因为在“骨子里”对语文学科有如此的认知，我才会提出“生动的语文”这一主张。这一主张提出后，才得以延续至今，被众多教师认识和接受。

记得在名师培养的结业考核上，导师提出了一个问题：“未来，‘生动的语文’这一主张，你将如何推进？”我的回答很明确：“让语文学习迈向深度，让学生的思维不断走向高阶。”教学主张确立后，能否延续发展，正是一种检测——主张是否具有生命力。“立得住”的教学主张，就能不断发展。因为在确立之初，就是三个层次都顾及的，是科学的，而不是停留在形式层面的。教学主张最终对接的都是人类学习的本质。

也许未来，你会发现我的教学主张有改变。请不要惊讶，只要是“活”的，都在变。

# 《文言文二则》，能分开教吗？

统编版小学语文教科书四年级下册第 18 课是《文言文二则》，编排了《囊萤夜读》和《铁杵成针》两篇简短的文言文。为了更方便理解，将这两则文言文展示如下。

**囊萤夜读**

胤恭勤不倦，博学多通。家贫不常得油，夏月则练囊盛数十萤火以照书，以夜继日焉。

**铁杵成针**

磨针溪，在象耳山下。世传李太白读书山中，未成，弃去。过是溪，逢老媪方磨铁杵。问之，曰："欲作针。"太白感其意，还卒业。

青年教师问：这两则文言文，能分开教吗？一个课时教透一则？当然能，大多数时候，教师就是这样线性推进的。只不过，真正解读教材后我们会发现，分开教很可能遭遇两个问题。

问题一，学生"吃不饱"。"吃不饱"指的是在课堂上需要学的知识偏少，成长空间狭窄，提升的力度不大。大多数时候，集体学习的活动为"对照注释自学全文""将文言文转译成白话故事"；教材更新后，再增加一条"用扩词法理解文言文中的关键字"。一节课 40 分钟，一篇短至两句话的文言文，学习时做这三件事，只需 20 分钟左右的时间。

问题二，教师"炒冷饭"。教师组织的课堂教学，也大多在三件事上徘徊：一是组织翻译文言，二是组织学生讲故事，三是组织学生完成课后练习、书写生字等。组织这些学习活动的“成本”不大，基本属于“炒冷饭”。教学的方式以讲授法为主，讲授的知识基本是已经掌握的知识，除了用以当堂练习之外，没有太多应用空间。

要知道，此课属于四年级下册内容，是学生进入小学后第五篇需要集中学习的文言课文。前四篇分别是三年级上册的《司马光》、三年级下册的《守株待兔》，以及四年级上册的《精卫填海》和《王戎不取道旁李》。在第五次学习中，“借助注释翻译文言”“借助翻译将文言转化为白话故事”等，已经不是新的知识技能，学习过程更类似于运用方法巩固已掌握的技能。

青年教师又追问：那么，不分开教，如何合并教呢？会不会太草率了？

本课的题目就是《文言文二则》。将两则文言文编在一起，必定有“合”的可能与必然。合并教有以下三点优势。

第一，统整两则后，能在阅读中发现文化。

通过对两则文言文的阅读与理解，学生能顺利发现文言文中所蕴藏的中华民族“刻苦学习”的文化品格。《囊萤夜读》和《铁杵成针》都承载着同样的文化基因。统整后的教学，这样的信息在一节课的学习中反复出现，能够传递得更加强烈、明确。统整设计对学生理解文化、传承文化起到良好的促进作用。

第二，统整两则后，能在选择中助力自我。

两则文言文同样在提倡刻苦学习，劝告青年学子要努力向上，但两则文言文适合不同学情的需要，学生在对比阅读中，更容易实现自我反思与提升。例如，《囊萤夜读》中的车胤，苦学精神是一贯的，夜以继日，勤学不倦。《铁杵成针》中的李白，在山中读书有些三心二意，未成之时，就想要“弃去”。遇到老媪磨铁杵后，他才

“感其意，还卒业”。李白的苦学是经历变动的。

“一贯”与“变动”的组合适合于不同学情的需要。有的学生类似车胤，能够持之以恒，适合在第一则故事中找到认同，得到激励。有的学生很像李白，智商高，学习多有反复，需要在故事中获得感悟，助力自己最终“修成正果”。不同的学生，不同的学情，要在不同的故事中得到滋养。将两则文言文统整，更容易让学生在对比中发现差异，在差异中找到自我。

第三，统整两则后，能在细节处迈向深度。

其实，细读两则文言文，有助于学习不断迈向更为深刻、隐秘的领域。两者的差异正是在一些细节处体现的。例如《囊萤夜读》，类似于一种榜样的力量，给人以正面的示范。全文共两句话，描述了车胤如何刻苦用功的具体事例。此文选自《晋书·车胤传》，而《晋书》是中国的二十四史之一，史书中能为车胤立传，就是要树立典范。

《铁杵成针》则选自《方舆胜览·眉州》。《方舆胜览》是南宋时祝穆编撰的地理类书籍，更多的是介绍风景名胜。书中主要记载南宋临安府（今浙江杭州）及其辖下的浙西路、浙东路、江东路、江西路等十七路所属的府州等地的郡名、风俗、形胜、土产、山川、学馆、堂院、亭台、楼阁、轩榭、馆驿、桥梁、寺观、祠墓、古迹、名宦、人物、题咏等，对于了解南宋时期江南各地的经济、文化、风俗、民情、山川、土产等有着极大的帮助。特别是对于各地名胜古迹及有关的诗赋序记，记载尤其详细。

所以，此文开篇就是介绍磨针溪。李白的故事，只是“世传”，就是传说。也有人考证说，李白来过这里，但不是读书，而是修仙，林林总总，无法考证。原文更重要的是介绍这一风景名胜，带有推荐的意思。李白在故事中，更多的是起到名人效应——吸引学子前来“朝圣”。

同样是劝人苦学，一个是正面示范，另一个是传说。从选文的出处以及文中的细节描述，学生可以感受到不同的学习精神。对这些细节的捕捉有助于学生进入思辨、借鉴的认知活动，还有助于学习后的迁移。

其实，不论是分开教，还是统整在一课中教，执教《文言文二则》时，对于传统文化的理解和传承这一核心素养目标的达成，都是相同的。

青年教师最终决定用一课时统整教学，同时也产生新的疑问：这一课的生字词怎么办？一节课容量大，教不完。

此问题涉及青年教师容易忽略的一个概念——课时观。将《文言文二则》设计为一课时，并不是在40分钟内实现所有的教学目标。一课时的统整教学瞄准的是最核心的部分，确保学习时的完整。至于说生字词的巩固、课文的背诵检查，以及课后练习中扩词理解方法的练习与运用等，可以在第二课时进行缺学补教。总而言之，对于这篇文章，可以分课时完成，每课时有不同的任务，可以确保学生学得完整、学得透彻。

将两则统整，发挥三个优势，让学生在学习《文言文二则》时的首因效应最佳，能够较快速、持续地进入对比、思辨、审美等认知活动中，使学习效果进一步得到优化，而不是囫囵吞枣地“一步到位”。同样，类似于“二则”“三篇”等多文组合选编型的课文，青年教师在执教时一定要予以关注，多思考：为什么编者要同时选两篇？选编的篇幅中，异同点是什么？这样更有助于我们在设计时实现最好的效果。

# 《池上》中传神的“偷”字，如何与学生解释？

入选统编版小学语文教科书一年级下册的古诗《池上》，是唐代诗人白居易创作的五言绝句组诗作品之一——既然是组诗，且有“之一”，可见并非只有一首。

据《白居易诗集校注》中记载，组诗写在唐大和九年（835年）。白居易时任太子少傅，在东都洛阳任职。一日，他在一处不知名的野景中游玩，见有山僧在下棋，池里有小娃在采莲，立刻作了两首诗。

第一首诗写“山僧对弈”，看起来有人，但人又深藏不露，让人感觉清幽无比。

山僧对棋坐，局上竹阴清。

映竹无人见，时闻下子声。

第二首就是大家熟悉的《池上》。一年级学生喜爱但又不能完全理解的“偷”字，就在其中。全诗如下：

小娃撑小艇，偷采白莲回。

不解藏踪迹，浮萍一道开。

单说第二首，青年教师执教这首诗时，往往被诗眼“偷”字难住了。

为什么诗人用“偷”呢？教师和“小娃”们解释许久，也未能说清楚。教师只是强调“一个‘偷’字写出小娃的可爱”，但学生没有接受，更不能真正理解。况且，一、二两句“小娃撑小艇，偷采白莲回”，如果用“藏头”的方式来解，恰好是一个定论——“小偷”。

其实，教师心里明确知道——这不是“偷”，却没法和学生说清楚。诗本身的意思也不难品味，但无法传递给学生。这就是教学设计的问题了。如何设计这一关键的教学内容，才能让学生理解并掌握这一板块的目标？

这一“偷”字，真的耐人寻味。

其一，明明可以不用“偷”。

用换词的方法，尝试写出小娃的采莲场景。例如“勤采”，采莲很勤快；又如“多采”，采得多；还可以是“喜采”，采得欢喜……这些字的替换，不会改变诗的意思，却能够消除对“偷”的误解。但白居易没有选用，而用的就是“偷”。所幸没换，虽然带来理解上的暂时困顿，但这个字就是本诗之“眼”。一个字写出了小娃采莲的意趣，如同给小娃照相一样，描绘的是一幅心灵画卷，定格的是小娃无懈可击的童真。

其二，大抵真不是“偷”。

有人解读这“五绝”，说使用“偷”的原因是小娃背着大人偷偷去采莲，而且到别人家的池子里采莲。估计这样的解读，多少受了鲁迅《社戏》中“偷豆”的影响。“偷豆”中的“偷”，只不过是孩子们背着大人摘豆来吃。这样的“儿戏”，本来就无可厚非，何况他们“偷”的还不是别人的豆，而是“偷我们的罢”。

总之，用上“偷”都有未经别人许可之意。实际上，“莲池”有主吗？这是无从考证的，诗中没有记录。况且从写作的时代来看，诗歌所写未必是“背着大人偷偷去采莲”的危险动作，也许就是百姓的生活。例如我们读到的汉乐府《江南》中，就有这样的描写：

**江　南**

江南可采莲，

莲叶何田田。

鱼戏莲叶间。

鱼戏莲叶东，

鱼戏莲叶西，

鱼戏莲叶南，

鱼戏莲叶北。

这首乐府诗描写了江南采莲的热闹欢乐场面。实际上，不止《江南》一首，还有多首描绘了“采莲”这一与生活相关的劳动场景。可见，从遥远的西汉时期到白居易晚年写下绝句的时空区间，“采莲”就是民间最常见的生活，也是大人、儿童都可以参加、需要参加的劳作。

况且，“爱莲”也成为一种共同的审美，采莲自然是大众向往美、抵达美的一种途径。古代诗歌中多用“莲”字，因其和“怜”同音，有“爱惜”“怜爱”之意。例如南朝乐府《西洲曲》：“采莲南塘秋，莲花过人头。低头弄莲子，莲子清如水。”又如宋朝周敦颐的《爱莲说》：“予独爱莲之出淤泥而不染，濯清涟而不妖，中通外直，不蔓不枝，香远益清，亭亭净植，可远观而不可亵玩焉。”古人赋予莲花以品性高洁的形象，誉之为“花中君子”。

采莲，就是采撷美好。

其三，看起来也不像“偷”。

五绝的后两句，给读者强提醒，揭开迷雾——真不是偷。

倘若是偷，怎么会如此大意，到了“偷吃不知道擦嘴”的地步？“不解藏踪迹，浮萍一道开”，即将大功告成，却不知道隐藏行踪，难道是得意忘形？或者是顾此失彼？即便真是不小心而忘记遮掩，诗人为何偏要写出、明显强调？

诗歌的后两句，正经提醒大家：小娃这哪是偷啊，就是一种玩儿，是一种欢快的独享，是一种生活常态。作为擅长写叙事诗的白居易，正是在叙述自己的所见、所感而已。

关键是，教学中如何与学生说清这一诗眼，让学生也能感受到诗歌中最为可贵的童真、童趣呢？这可以从三个方向辅助理解。

一是切换人生的角度看“偷”。

写下此诗时，诗人已是年逾花甲的老人。处于这样的生命状态，他对儿童持有特殊的喜爱。看到小娃的所作所为，大多心生欢喜。心里越是爱，而口中越是嗔怪，常用一些略带贬义的字眼，如“小鬼”“小坏蛋”“又偷吃”“还偷玩”“总偷看”等，明贬实褒中透露出对小娃机灵、淘气的爱怜之情，更显示出老年人看到小孩纯真生活状态时的羡慕与欣赏。

“偷”字，带有长辈居高临下对小娃的特殊的情感与评述。

二是联系两首绝句看“偷”。

两首绝句均为诗人叙述所见。第一首从“无人”到“闻声”，第二首从“偷采”到“不解”，诗人将自己的所见定格，同时注入一刹那的感受，淬炼成诗眼。这一感受，看破不说破，要留给读者自己去回想、去品味。诗，要给读者以想象的空间。

这一“偷”字就是最大的想象留白空间，让读者在品字中琢磨其中的情调与情趣。

三是以创作手法看“偷”。

白居易是新乐府运动的倡导者，是一位擅长写叙事诗的大诗人。他的作品主张“文章合为时而著，歌诗合为事而作”，代表作是大家熟悉的《长恨歌》。他的叙事诗能将所叙事物写得曲折详尽、娓娓动听，同时又饱含着情感。

这首五绝《池上》依然在叙事，但不平铺直叙，而是要打破常规，制造诗歌奇崛的心理悬念。先说“偷”，紧接着又写到“不解藏踪迹，浮萍一道开”，用平白、通俗的语言，制造紧随其后的落差，反映了民间生活的场景，展示了淳朴的民风，将所见之景写得可爱、可亲、可信。

基于以上三个方向的辅助理解，将其转化为教学设计，该如何实施呢？要知道，《池上》这首诗面对的学情是，学生是一年级小朋友。他们该如何理解？我建议使用以下三个方案。

第一，拓展，链接生活以打开视野。

让学生联系生活中的语言、交往，发现长辈对晚辈的言谈中特有的明贬实褒的语言。此中关联着具体的场景，从而让学生体会这类用语中携带的长辈对晚辈的喜爱之情。情感体会能迁移至诗歌中，以生活视野帮助理解“偷”字的特别情趣。

第二，关联，回忆日常以表达观点。

让学生想一想自己的生活经历，例如去厨房偷吃，或者是在睡前偷看书本。这些行为都带着“偷”意，但都充满着生活的情趣。这就是儿童特有的天真，是深藏在“偷”字中无比美妙的童年情趣。

第三，多读，体验情感以自我引领。

优秀的诗歌，就是用以朗读的，熟读成诵，熟读成忆。课堂上，让学生多读，多读能读出诗句中洋溢的喜悦情感。诗中的小娃，兴高采烈地去采莲，早已忘记自己在做什么，只当作一种玩乐，当然不会去隐藏踪迹。此时的小娃，已经是得意忘形啦，所以“明目张胆”地划着小船走了，划开浮萍，留下清晰明显的水迹。

情感在心，能自然引领学生产生自我体会——“偷”就是一种儿时的生活情调。

实际上，这一诗眼有时候是“只可意会，不可言传”的，也许不去挑明了更好。越讲越混的情况也是有的。不讲，并非有意回避，因为这样的高级情调也可能是“人人心中有，个个口中无”的。所以，对于一年级学生来说，最好的方式还就是熟读成诵。

只因心疼于太多的课堂，教师没有设计，一味让学生扯着嗓子喊，所以我还是主张预设问题，有备无患。这是作为教师的乐趣，自己琢磨，没事偷着乐。

# 总在下课前 3~4 分钟布置作业，为什么不安排在课前？

在英国教师格里·切尔尼亚夫斯基与沃伦·基德合著的《作业设计 300 妙招》中，作者展示了一份有意思的调查——大部分教师布置家庭作业的时间，都在下课前 3~4 分钟内。

青年教师回顾日常的作业布置，基本上属于类似的情况，并且从来也不觉得有什么不妥当的地方。在临下课前，慌忙抛出本次的作业，使得课外作业看起来更像是一种“随机的想法”。仓促间布置的作业，欠缺对作业设计应有的三方面考虑。

第一方面，课外作业仅是一项无条件服从的任务吗？是仅以一种命令的方式强制执行，还是成为学习系统中的组成部分，更有助于学生对学习内容的理解和巩固？

第二方面，布置的作业能够得到反馈吗？能够被检测、被评估吗？还是单向的、没有回应的？

第三方面，作业中所练习和形成的能力在未来能够被运用吗？从短期看，能应对考试吗？从长期看，对提升学习能力有作用吗？

当然，在下课前 3~4 分钟布置的作业，也有可能是事先备课时的设计。但在这个时刻布置，难免出现疏漏，也可能与之前的预设大相径庭。更重要的是，在下课前灵机一动地布置作业，从教师的潜意识看，他们依然认可作业的三种陈旧的属性。

一是依附属性。作业就是鸡肋，是课堂的依附品。下课前，教师总觉得必须布置些什么，否则课程不完整。所以，临近下课时，记起来，就布置下去。

二是机械属性。作业很可能是一种重复的机械训练。课堂内有些东西没有训练到位，就用作业的方式进行弥补；课堂中有些东西训练了，感觉学生可能掌握不牢固，再次训练；课堂上训练的项目，回家后再练一次。临近下课时布置的作业，和教师本人的短期工作记忆息息相关。上课时做了什么，现在照着做。

三是惩戒属性。随机布置的作业很可能源于情绪。一节课进行中，时有突发事件干扰，影响教师和学生的情绪。下课前布置作业，可能化为惩戒。作业成为一种简单的条件反射，成为对课堂复杂学习情况的简单直觉评估，更多映射出教师的情绪体验。我们常发现——教师情绪不稳定或者心情不好时，作业布置也是会随之变化的。

倘若换个思路，在备课时设计好作业，同时在上课前就提前布置作业，会是怎样的呢？作业本身的性质，会不会随之带来改变呢？这个时间段，教师内心平静、思路清晰，对设计好的作业心中有数，专注地认真布置，会产生可见的改变，这大致有三个方面。

## 一、作业与学习目标具备了合作关系

布置的作业提前亮相，紧接着就是展示本次的学习目标，这样就将本次课程学习的各个板块关联起来，统筹在目标这一大概念之下。各部分的学习任务息息相关，课后作业也成为帮助学习者理解目标、达到目的的手段。课前布置，让作业与目标形成合作关系，让作业与课程没有脱节，从而更亲密。

以统编版小学语文教科书五年级下册第八单元的《手指》一课为例。课前，教师可以布置三道作业：

（1）拓展性作业。选读丰子恺相关的语篇，感受作者幽默的语言风格。

（2）实践性作业。观察并搜集生活中的幽默语言。特别是和家人聊天时，细心体会家人语言中的幽默元素。

（3）练习性作业。尝试仿写《手指》中自己喜欢的片段，完成后请家人一起进行效果比对，再次体会丰子恺语言中的幽默元素。

三道作业和本次学习的目标“感受课文风趣的语言”密切关联，无论是课堂学习还是课后作业，都为了学习目标的一致达成。

## 二、作业让课堂学习中的难点充分暴露

每一课学习都有既定的难点与重点。让作业提前布置，也有助于难点的亮相。之后的教学，就可以围绕难点进行突破。不要小看“课前亮明”，较之“课后随机布置”，“课前亮明”更有助于让学生发现难点；发现了难点，才有利于在学习过程中围绕着难点集中注意力攻破。

例如上文中作业的难点就是“语言的风趣”如何体会。作业围绕难点设计，学生明确课后要完成的作业时，是对难点形成“第一眼”的印象。在随后的学习中，在教师的带领下，学生对文中体现“语言的风趣”这一难点的文字更加留意，学习更加充分。

再例如文中的这一段：

无名指多用于研脂粉、蘸药末、戴戒指。小指的用处则更渺小，只是掏掏耳朵、抹抹鼻涕而已。他们也有被重用的时候。在丝竹管弦

上，他们的能力不让于别人。舞蹈演员的手指不是常作兰花状吗？这两根手指正是这朵“兰花”中最优美的两瓣。除了这等享乐的风光事以外，遇到工作，他们只是其他手指的附庸。

教师不仅提示学生关注“写了什么”，品味“写得如何”，更要从“如何写成”的角度去引导，让学生明确“语言的风趣”是什么样的，是如何写就的。有了这样的意识，教学就不会停留在一望便知的层面，不会止步于文字的表面，而是深入到文字的组合方式，探索看似无章可循的幽默，即写作的规律性知识是什么。这样的规律性知识的获取，有助于作业（3）“练习性作业”的完成。提前公示作业，教师和学生更容易把握重点，扎实学习。

此外，提前公示作业，也有助于对教师的教学设计进行改良。作业无异于提示，教师可以将课堂的学习设计得更为合理，区分出哪些是必须讲清楚的，哪些是事后可以拓展延伸的，哪些是务必强调的。这样才不至于令课程的容量过大，信息太杂，同时丢失了重点。例如《手指》一课附带三道课后练习：

（1）结合课文内容，说说五根手指各有什么作用。

（2）找出文中类似的具有风趣元素的词语进行体会、抄写。

（3）与同学交流，大拇指与食指分别关联生活中的哪些人？

以上三道题应在课堂中结合教学完成，而不是把课内作业转嫁为课外。最后的“小练笔”在课外作业中已经布置，也可以不用在40分钟的课堂上空耗时间。

## 三、作业对学习者起到心灵安抚作用

提前公示作业，到底要做多少，学生心中有数，就感到心安。

心安，来自对情况的了解，以及对自己学习水平的评估。提前公示作业，让学生明确本次要完成哪些任务，也有利于在学习过程中事先准备，不懂时可以提问。事先知晓，人心安定；慌乱中得到任务，无法慎重对待。以这样的常理心去思考，事先亮出作业有助于安抚学习者的情绪。

提议将布置作业的时间调整到课前，其发挥的作用不限于以上所述，也许还能从根本上改变一线教师对作业的认识，辅助教师设计出更合理的作业，让课外作业具有以下更适合的三个特征。

（1）拓展性。课外作业应该是课堂学习的拓展延伸，而不应局限于课堂学习范畴之内。课前布置，课上就不用重复教学。学生明确课外要做什么，哪些地方与课堂学习有所关联，学习的外延得到了扩大。

（2）实践性。提前布置课外作业，可以认定作业的实践属性，强调作业中务必出现实践性的题型，不至于因为慌乱布置而忘记。实践题型由学生自主完成，学习者本人亲自参与，体验学习的全过程。

（3）自由性。在课外完成的学习，方式、方法是可以选择的，还可以协调父母、社区、网络等相关辅助力量，学生可以在实践中寻找到适合自己的学习方式。提前布置，可以在设计时顾及学习方式的改变，让作业给学生一个调整学习方式、找到适合自己学习能力提升途径的机会。

不要小看这一时间上的更改，实际上它涉及对作业本身是什么、该如何做的认识。作业就是学习的组成部分，如何设计并布置优质的作业，本文看起来提倡的仅仅是调整时间，实则是对学习认知的改变。

# 第三章

# 亟待突围的习作教学设计

# 如何设计，能让学生实现“习作片段当堂写”？

青年教师设计习作课，有一个极大的烦恼——明知需要让学生进行当堂写作，却遭遇三类尴尬。

第一，写不出来。不知道是何原因，学生就是“不配合”，半天不动笔。询问之下，他们要么表示“不会写”，要么表示“还没想好”。

第二，写了也没用。虽然写出来了，但也不知有什么用。教师在设计片段写作任务时，自己心中也不明确，这样的片段到底是为什么要写，只是一味强调——写作课，就要有写的练习。其结局是“为了练习而写”。练习并非写作课唯一的目的或者最基础的目的，自然不能以偏概全。

第三，写了也无法提升。片段写出来了，教师也不知怎样去评点，如何让学生的写作水平得以提升，一味在是否用成语、是否用比喻等校正环节提倡为文字“美容”，缺乏有效、有力的指导。

长期以来，三个问题困扰着青年教师，让其不敢轻易上写作课。青年教师询问：如何才能设计优质的片段写作任务？如何让学生当堂完成片段写作？

为确保习作课上学生能够当堂写出片段，教师在设计时可参考“SMART”原则。结合统编版小学语文教科书四年级下册第七单元习作“我的‘自画像’”，我来具体解释“SMART”原则及其在设计实践中的落实方案。

### S——具体的（specific）

这一条即明确地指出让学生写什么。教师不能泛泛地、含糊地、不明确地给出指令，不能含糊地提出“请写一个片段”的要求。

例如“我的‘自画像’”教学，让学生自由写一段话介绍自己，这样空泛的要求，完全没有必要提出。“自画像”，类似于“自我介绍”，从一年级的口语交际开始就有所涉及，到四年级下学期，如果还让学生自由写，他们很容易陷入陈旧的、格式化的表达中，写出“黑葡萄一样的眼睛，小巧玲珑的嘴，爱画画，爱运动，想当科学家……”

到底让学生写什么，任务应该非常明确。结合教科书，教师可以这样提出要求：请写一段话，凸显自己某一方面的特点，结合事例把这一方面特点写透。

此外，教师还可以提供范例。以《我家是动物园》中的“祥太自我介绍”为例：

我叫祥太，是个小男孩。其实呢……我是只小猴子，最爱吃香蕉，爬树很拿手，也很会模仿别人。

这样的片段，提示学生在展示自己的特点时，可以使用比喻优化特点，让读者产生形象的关联；还可以用多个事例，集中证明自己具有这个特点。对于四年级学生写作，强调“写清楚”即可，没有要求将事例写具体。当教师具体给出指令，并予以示范时，你会发现学生真的能顺利地开始写，也愿意写，并能写出来。

### M——可测量的（measurable）

任何写作活动，都需要有对应的测评标准，都要给予反馈，给出评价结果；既然练习了，就要让学生知道“我写得如何”“还有什么可提升的空间”。往常，教师给出的评价大多空泛，类似“写得仔细”“想象具体”等，是无法激起学生的写作欲望的。

要特别强调的是，不能简单地将写后的片段进行“同桌交换评改”。在实际观察中可发现，教师没有任何指导，交由同桌交换改，产生的功能没有想象中那么大，反倒是流于形式的居多。同桌很容易在陈旧教学观念的引导下，陷入对司伴写的语篇吹毛求疵的无效评改中。同时，同桌评改时，如果没有可以参照的标准，所有的评价也就是一种漫无目标的儿戏。

可测量原则强调教师要设计并亮明评估标准，进行公开评价。教师可以解释评价标准，之后再由同桌根据标准进行细致比照与评价。例如“我的‘自画像’”教学中，教师给出三个评价标准关键字——“自”“画”“像”。

“自”，即写得是否真实，能否写出自己的特点，与实情有没有太大的差异。

“画”，可以在语言上进行优化，可以选用适当的词语，采用不同的句式以及修辞手法等进行美化，更重要的是对写作的功能认定——对“让班主任优先认识自己”的功能进行强化。

“像”，则由集体评估，考查这段话写得像不像，是对写作的总体情况的综合评定。评价有标准，具体到每一次练习、每一个片段，学生对照标准，才可实现测量，才会有所提升。

## A——可完成的（attainable）

写作任务对学生而言，应具有挑战性，但又不是无法达到的。任务处于学生的最近发展区，这个区间就是学习发生的场域。如果教学一味“炒冷饭”，谁都没有兴趣；如果布置的是无法抵达的任务，谁也不敢动笔。所以，教师在设计片段写作任务时，一定要了解学情，对照课程标准，确认好本课的教学点。

所谓“教学点”，即学生通过这一课学习，需要获得的全新生长，是新的认知要抵达的新区域。以“我的‘自画像’”为例，教材设置了一个情景——新来的班主任要认识同学，学生通过写“自画像”进行自我介绍，写作的意图在于展示自我，并让班主任优先认识自己。基于这一目的，教师可以在学生完成第一轮写作预热后，进入第二轮写作，让学生找准凸显自己与班级、与教师有关的某一方面特点进行集中描写，以达到让班主任优先认识自己的目的。此处我给予的写作指导是三点。

（1）展示自己对班级的贡献，让班主任优先认识自己。此时班主任最需要的就是帮手。

（2）展示自己的弱点或需求，让班主任优先帮助自己。这是班主任的职责所在。

（3）展示自己的意愿，即便目前没有能力为班级服务，但也表达出意愿，希望未来能做些什么。

这三个写作点的选取适合全体同学，即能力较强者、存在问题者、暂时平庸者。每一位学生都可以在指导意见中选取自己的写作点，达成“被优先认识”的写作目标。

### R——现实可行的（realistic）

教师设计的写作任务，必须是学习者可以做到的，是现实可行的。也就是说，教师设计的写作任务应该让学生可观、可感、实实在在地可以去做。

在“我的‘自画像’”教学中，在初稿写后的评价环节，教师安排一位学生扮演新来的班主任，安排其他同学朗读写作片段，由“新来的班主任”进行挑选，选中的即为写作成功。片段练习后基于此的评价活动，是可行的。

（1）学生具有参与游戏的意愿，设计一个类似职场体验的游戏。

（2）学生对角色扮演有经验，有感觉，能理解，游戏带有真实感。

（3）评价的目的很明确，游戏规则很清晰，学生能够参与。

这样的设计带有真实感，不至于让学生坐在教室里空想“宇宙大爆炸”“太空环游”，也不会强制空发议论，粗浅谈论对某件事的看法；真实可感，切实可行，学生乐于参与。

### T——有时限的（time-bound）

T 代表设计写作任务完成的限定时长。教师在布置片段写作任务时，应同步提示学生按时完成。例如：“请用 10 分钟完成写片段任务。”然而常见的是，教师无条件地“滥爱”，总喜欢强调“孩子，你慢慢来，我可以等你”。实际上，对个别拖延学生的等待，对其他人是无益的，对集体也是不公平的。只不过，部分教师希望用这样的口号展示自己面向全体学生的无限关爱，这是缺乏教学设计基本理念的表现。

正确的做法是，在设定的时间到达时，要求全体学生停笔，立刻转入评改环节。写得慢、写不出来的学生不要再写，转为通过评改得以提升，这更有学习的价值。同时，多次叫停，也能够让写得慢的学生发现问题。毕竟这是课堂学习，而不是个人的自由创作。

相信有了具体可参考可执行的“SMART”原则，青年教师能够在习作教学课堂上优化设计，让学生当堂写出来，教学效果如同“拍立得”，马上可见、立等可取。

# 比对差异极大的作文命题，发现教学的融合点了吗?

在写作教学上，中外两方有较大差异。体现在作文命题方式上的不同，已有多篇文章论述。发现差别是进步的开端，找到中外写作教学的融合点才是根本的目标。

一线教师更容易看到微观上的比对，是对具体命题的解析。以克里斯·比弗尔所著的《全脑教学与游戏教学法》中三道较为特殊的作文题为例，先看他山之石的风采。

这三道命题让人耳目一新。

第一道：写叙事散文。具体要求：学生写四个故事。这四个故事中，要包含完美且灵巧的长句子，而且话题要新颖。此外，每一个故事中的每一句话，都要以一个以前没用过的词语开头。

第二道：写诗。具体要求：学生写四首诗。这四首诗中，都要包含完美且灵巧的长句子，而且话题要新颖。此外，每首诗的每一句话都要以一个以前没用过的词语开头。

第三道：写故事问题。具体要求：学生写四个数学故事问题。每一个故事问题至少要包含一个插图，每一个问题都要包括解决步骤，而且每一个问题都要比前一个问题更难解决。

假设我们的学生参与这三道命题写作，他们将会有怎样的体会呢?

其一，体会到命题中提出了明晰的文体要求。

例如第一道，写的是叙事散文；第二道，写的是诗歌；第三道，写的是故事问题。请不要以为“故事问题”不是文体，文体可以有诸多分类方法的。每一个类型，还可以分为更细小的项目。如表3-1所示，在美国国家教育进展评价体系（National Assessment of Educational Progress，简称NAEP）中，四年级、八年级、十二年级的文学体验类就可以分为虚构类、非虚构类、诗等类型，而且每一类型又可以继续细分，甚至有模仿滑稽作品、独角戏等非常特殊的文体。

**表 3-1　不同的文体分类**

| 一级分类 | 二级分类 | 三级分类 |
|---|---|---|
| 文学体验 | 虚构文学 | 冒险故事、历史小说、当代现实主义小说、民间故事、传说、寓言、荒诞故事、神话、奇幻故事、科幻小说、讽刺作品（为嘲弄某人或某作品而写作）、模仿滑稽作品、独角戏 |
| | 非虚构文学 | 个人随笔、自传体，以及缩写、回忆录、演讲稿、古典散文 |
| | 诗 | 叙事诗、抒情诗、诙谐诗、自由诗、赋、韵文（包括歌谣）、十四行诗、挽歌格律诗 |
| 信息类 | 说明 | 信息类普及图书、教科书、新闻稿、特稿、百科全书条目、书评历史文献、短文（例如信息性的、说服性的、分析性的、政治性的、社会性的、历史性的、科学性的、博物学的）、文学分析、研究报告 |
| | 议论文和说服性文本 | 信息类普及图书、演讲、新闻稿、简单的说服性短文、读者来信、议论类短文、更复杂的说服性短文、社论、短文（例如政治性的、社会性的）、历史性描述、意见书（例如说服性小册子、竞选刊物、广告） |
| | 程序类文本和文档 | 包含在文本中的方向、地图、时间、图形、图表；包含在文本中的食谱、时间表；独立的资料：申请书、操作手册、产品支持资料、合同 |

学生在参与命题写作时，就已经熟悉命题要求，并能对应相关的文体规则，写成“什么样”，心中有数。

其二，体会到命题中含有明确的写作目标。

每一次写作，最终要达到什么要求，命题中非常明确。例如，上文三道命题中提到故事要“包含完美且灵巧的长句子”，要使用“以前没用过的词语开头”，甚至“每一个问题都要比前一个问题更难解决”。学生阅读命题的同时，可以了解目标，提取与达标相关的知识储备、词汇积累，调动自己的阅读与写作经验，统筹以完成项目要求。

完成后，学生还可以根据项目中的要求进行自我评价，看看写作成果是否达标。此时的评价标准是非常明确的：达标没有？还差多少？一切都一目了然。如果达标，计为合格，本次练习完成；未曾达标，继续修改，直至达标。命题中的目标明确，让写作后的修改也变得明朗。

其三，体会到完成命题要求，需要大量的思考与准备。

很显然，这样的写作不是“拍脑袋”“挤牙膏”就可以完成的，需要提前做好准备。例如，写数学故事这道题，写成的故事要能“解决问题”，而且要呈现“一个比一个难”的逻辑顺序，还需要准备好“四个故事”，同时还要能设计图例，或是准备好插画，等等。写作不单是字词的堆积，而是一个完整的思考、准备、演算的流程，包含写作前、写作中和写作后三个环节。

写作前，需要作者充分准备，理解目标，储备素材，思考运作；写作中，需要作者不断比对目标，调控写作是否达成目标；写作后，还要根据命题要求评估效果。作者可以实现自我监控。写作的全程都涉及作者的元认知水平。写作即学习，能在原有基础上有所提升。

这样的命题也可以写成一篇文章，但命题中没有字数要求，达标即可，书写过程带有较强的片段写作意味。遗憾的是，此类作文命题缺乏对文章所承载的思想、信念、价值的体现，缺少对道德、品德、理性的考验，无法通过写作调校思想方向，规约行为，提升思想境界。学生作为作者，特别在意思维的介入，强调对语言文字的应用，在思想性、人文观的培植上存在漏洞。

不妨选取高中语文“作文审题立意训练 100 题”中的三道题，做个比较。

第一道：围绕话题写作。

有人曾说世界上只有两种动物能到达金字塔顶，一种是老鹰，一种是蜗牛。请以这句话所蕴含的哲理为话题，写一篇文章。

立意自定，文体自选，题目自拟，不少于 800 字。

第二道：提供材料写作。

一个卖草帽的老人，有一天躺在大树下打盹。他醒来一看，身边的草帽不见了；抬头一看，树上的猴子都顶着一只草帽。他想，猴子喜欢模仿人的动作，于是就把自己头上的草帽摘下来往地上一扔。猴子见了也把头上的草帽摘下来往地上一扔。他捡起草帽高高兴兴回家了，并把这件事告诉了儿子和孙子。很多年后，孙子继承了家业。有一天他也跟爷爷一样在大树下睡着了，草帽同样被猴子拿走。他突然想起爷爷讲的故事，就把头上的草帽摘下来往地上一扔。结果树上的猴子不但没跟着做，反而冲他嘲笑似的吱吱大叫。他正纳闷，猴王出来了，说：“还跟我们玩这个，你以为就你有爷爷吗？”

请你以上述故事的寓意为话题写一篇文章。立意自定，文体自选，题目自拟，不少于 800 字。

第三道：提供事例写作。

当虹看到弧形的石桥时，对它说："我的大地上的姐妹，你的生命比我长。"石桥回答说："你那样美，你在人们的心目中是永恒的。"

① 请以"从虹和石桥的对话所想到的"为题，写议论文。

② 运用总分结构、对比论证方法，字数在 800 字左右。

这三道作文命题看起来熟悉，也具备三个特征。

第一，重在关联。写作是否成功，关键在于是否与作者本人的认知水平、生活阅历、阅读积累、语言储备相关联。例如，要写好第一道作文，生活体验少不了；要写好第二道作文，必须读好材料；要写好第三道作文，必须能将"虹""石桥"与生活中相关的人或事进行对应。这就使得写作仰仗生活，依靠阅读理解，不纯粹是对文字运用的考验。

这样的关联对"写好作文"有明确的导向，但对"具体如何写好"却没有对应的指导。因为关联本身就是若有若无、若即若离的，所以，写的时候，甚至不需要明说，只要"挂靠"即可，点到为止。也正因为如此，写后的评价也多受"人工"成分干扰，更多看打分的那一刻的感觉，凭借的是评价者的经验，关联着评价者的生活阅历和对生命的理解。

第二，力求完美。虽然命题中一再强调"文体自选""题目自拟"，但对语言文字华美的追求是明显的，对语言中深刻思想的期待是迫切的。这也构成了评分的重要依据。为了追求优质效果，写作时，作者可能调取相似的经验进行复制，以达到华丽的表达效果。

命题中带有明显的道德判断。例如第一道命题中对"达到顶峰"的寓意，第二道命题中"寓言"本身承载的寓意，第三道命题中明显表达的"你那样美，你在人们的心目中是永恒的"等信息，无不提示学生注重对崇高精神与人格的追求。写出的文章类似于成年人的散文，还需具备思想的深刻，对“文道兼优”的渴望，是表露无遗的。

第三，意旨宏大。每一道题都提出字数要求，强调写全篇，或者是写成长篇。命题带有明确的篇章写作意识。这就要求作者在每一次完成写作的过程中，尝试不断扩容、增量，实施“宏大”的写作计划，实现“鸿篇”的制作。

比对后可发现，中外双方的命题写作各有特色。融合两者的优势，优化我国命题作文教学，是可行的。融合改进的设想有如下三个方面。

第一，增强立德树人的意识。这是教学系统中的写作之根本。文以载道，写作并不只有单纯的“文字运用技巧”的需求，还有整理作者思想，提升作者的视野，端正人生观、世界观、价值观的意识。因此，可以在命题要求上，注重对思想提升的追求，让写作的根本方向得到矫正。

第二，精心设计命题中的“附加条件”。命题中的要求不能笼统、含糊，这是防止作者“套作”的利器。我国的作文命题中，要求较模糊，建议增加一些“附加条件”，对“写成什么样”“如何写成这样”等有所规范。诸如“使用长句子开头”“使用陌生化表达”等要求，可以清楚告知，防止学生使用旧文“套作”。精致的要求能够打乱学生固有的陈思，去除形式主义的表达。同时，附加条件也是思维挑战，通过写作能在更大程度上激活作者的思维，使写作更符合语文学科核心素养中思维素养提升的需求，使写作的学习意味更加浓厚。

第三，应当更加规范文体，树立文体写作的意识。如“写成什么样”“按照什么规则来表现”，文体的规范并不是可有可无的。在长期“弱化文体”的意识下，学生可能从小到大一直写“小文人语篇”，写不着调子的“散文”，令写作和生活以及现实需要彻底脱节——写了也白写，生活中根本用不上。

毕竟写作是一种能力，未来要服务生活，要面向社会，应对各种需求。因此，作文命题中增加对文体的要求，让作者在写的时候就具备契约精神，知晓应遵守的文体规范，是有必要的。

比对中外双方差异极大的作文命题，发现写作教学的融合点，令写作教学更具有学习性质，更符合新时代提出的新要求。

# 布置任务后做“甩手掌柜”，学生能进步吗？

有两位青年教师承接了公开课任务，准备执教统编版小学语文教科书四年级下册的习作“我的‘自画像’”以及六年级下册的习作“心愿”[①]。他们希望我在备课上提供帮助。在给出建议之前，我让青年教师分享自己的执教设想，没想到，得到了如出一辙的答案——

先告诉学生要“写什么”，再交代写作的“注意事项”，之后让学生自己写，写完后提交评点。所谓的“教学”环节，就是在命题布置以及提出要求的时候，做“一厢情愿”的细致讲解。所讲的内容无非是先写什么，再写什么，用什么方法来写，某处要如何写得更好……

据他们介绍，这样教的效果好极了。说得再多、再高级都无妨，因为学生全盘接受。学生只有表示诚服，教师才会潇洒地让其“开始写”。一旦学生进入写作状态，教师则表现得极为克制，游走于教室各个角落，但一言不发，等待时间流逝。教师心中恪守的原则是，写作过程，必须确保静默。

如果不是要公开示范，青年教师打算就这样上。听完分享后，我没有从“如何设计”开始，而是从对写作教学的认识说起。写作纳入教学系统，需要“教”，就因为其具备“学”的属性，即“写作是一种学习活动”。我这样认为，有充分的理由。

---

① 2022 年春季，新版教科书对“心愿”有所调整，详见本书《教科书中的一处改动，透露出什么？》一文。

第一，课程标准的界定。新课标中设定的五类学习活动，分别是识字、写字、阅读、习作、口语交际。显而易见，写作属于学习活动的一类。而且语文学习中的听、说、读、写四种学习方式，也以“写”为最终呈现。听、说、读，统筹于“写”，因为“写”最具综合性，且与听、说、读的关系密不可分。

“写”是学习活动，有“标准”作为依据。

第二，素养的最佳体现。美国的新读写能力研究团体（New Literacy Studies）将“写作”定义为一项复杂的人类活动，即写作总是处于特定的时期、地点，受社会力量和关系影响。写作体现的就是人在生活中表现出的状态，即人的素养。美国学校管理者协会邀请专家探讨“21 世纪中小学生需要掌握的影响全球的重要知识、技能”，其中中小学生学业技能共 10 条，第一条就是“写作技能”；个人技能和人际技能共 7 条，第一条是“口头和书面交际技能”，写作技能依然排在第一。美国研究机构还发现，获得诺贝尔奖的科学家，同比其他人的写作能力，居然高出 20 倍。

“写”是学习活动，有着“素养”的印证。

第三，认知研究的成果。“写作即认知过程”，这一观点源于布鲁纳提出的“认知—发现”学说。布鲁纳认为，儿童都有观察和解释世界的独特方式，倡导儿童应像探险者和科学家一样去探寻和发现知识。在这一发现的过程中，写作就是独特的方式——以写去发现未知世界，在发现过程中经历复杂的认知过程。例如：制订计划；确定主题；调用先验知识理解；组织、加工、检视初步的认知结果；表述认知观点；校对和修正观点，使之与认识更为匹配。

学习心理学也认为，“写”是认知生长与变化的过程，是学习的过程。

将写作认定为学习，写作该如何教，就更加清晰了——作为学习的写作，要符合学习的基本要求。美国学者戴尔·H.申克提出了学习应符合的三个标准：学习涉及变化，学习会产生持久的变化，学习产生于经验。根据申克的研究，写作教学要让学生在写的过程中有生长，有变化，有认知水平的提升；而且这样的变化不是"灵机一动"的简单条件反射，而是经过思维加工的深远影响；改变一旦发生，无法和作者本人分割，也不能用外力消解，因为改变源于个体的学习过程，和内部经验融合在一起。"写"后的成长，就是性灵的改变。

要达成这样的变化，教学方式自然不能与写"隔离"，更不能以"布置任务"取代复杂的认知学习过程。对过程的认定，带来写作教学的去弊、演变与发展。

首先，学习是一个过程。加涅在论述学习的层次与类型时，就将"学习"看成一个过程，这一过程由八个阶段构成：动机（期望）—了解（注意：选择性知觉）—获得（编码：储存登记）—保持（记忆储存）—回忆（提取）—概括（迁移）—作业（反应）—反馈（强化）。由此可见，任何学习都需要充分展开经历。这八个阶段与写作应有的过程是吻合的。例如：动机即写作意愿，回忆即写作中的经验准备，反馈即写作中的评改，等等。

其次，写作也需要经历过程。美国学者唐纳德·莫里将写作分为三步，后经教师完善，确定为五个阶段：构思（prewriting）、起稿（drafting）、修改（revising）、校对（editing）和发表（publishing）。如今，这五个阶段在美国被称作"过程指导"。在一项跨越美国五个州二十所高中的调查中显示，有90%以上的教师使用了"过程指导"的方式。既然写作是有过程的，教师就应该将写作教学融于学生写的全过程。

再次，教学就是安排过程。加涅认为，教学可以看成是经过有意识安排的、旨在支持内部学习过程的一套外部事件。其中的“有意识”“支持内部学习”“外部事件”等，都指示着教学中过程的存在。布鲁纳的认知结构理论也提出，教学就是将学科核心知识转化为适合儿童的认知学习任务。转化中，学生经历的就是学习的过程。

新课标也指出真实、富有意义的语文实践活动情境，是学生语文学科核心素养形成、发展、表现的载体。可见，教学要将学习任务放置在一定的“真实、富有意义”的情境中，并在情境中催生学习任务。这种情境让学生投入，促使学生在参与学习活动的过程中全情投入，积极参与，而不是被动地在教师的“告诫”中接受生冷和僵化的知识条目。过程承载着学习中的流变，为学生带来学习的真切体验。

当我们认定写作为一种学习方式，且必须经历一定的过程，才能获得学习结果。此时，如何“教某一篇”就清楚了。以六年级下册习作“心愿”为例，让学生自由地“写出心愿”不是教学。“心愿”存在于心里，不是“教”出来的，转化为文字表述，只是内部语言向书面语言的转化，也没有产生认知提升，不构成有意义的学习。教学介入后，能让学生在通过写作重新整理思想，调整人生方向，表达出心愿的同时，让周围的人理解自己、接受自己。促进心愿成为现实，教学才产生效果。设计必须由浅入深地引出作者的心流，让变化伴随着写作活动发生。

达成共识后，我和青年教师分享了五步教学设计。

第一步：不教，自然写出心中最淳朴的心愿。

第二步：任务驱动，提升对心愿价值感的理解。让学生明确，心愿除了表达自己内心的想法之外，还涉及如教科书中所述的“服务他人”“造福社会”“改变未来”等与周围环境的互动，心愿并非个人纯粹的一厢情愿。

第三步：范例引路。向学生提供 1938 年爱因斯坦写给 5 000 年后人类的一封信。这封信被封存在时间舱里，等待 5 000 年后的人类打开。范例让学生明确：心愿可以用特殊文体来写，比如书信；可以用特殊的形式发表，比如储存在时间舱中；可以面向特殊的读者，比如 5 000 年后的人类；可以产生特殊的作用，比如了解现代文明，对未来发出忠告；等等。心愿是极具个性、富有个人生命特质的文章。

第四步：提取并借助工具。从爱因斯坦的信中提取构思工具，指导学生进行个性化构思。教师提供爱因斯坦的书信构思框架，让学生以此进行构思，设计属于自己的独特心愿（表 3-2）。

**表 3-2　书信构思框架**

| 作者角色 | 读者 | 作用 | 发表 | 文体 |
|---|---|---|---|---|
| 科学家 | 5 000 年后的人类 | 介绍当代，指导未来 | 时间舱 | 书信 |
| …… | …… | …… | …… | …… |

第五步：结合构思，表达心愿。提升心愿的社会服务感，让写作在原有基础上有文体意识，有体式感，面对特定读者，产生具体的交际功能。整个写作带有真实的情境体验与任务驱动感，作者参与写作，产生认知提升与责任意识。

这样的设计，教师如何教？在全过程中，教师应时刻关注学情，在需要时提供例文支架、工具支架，参与讨论和互动，对每个阶段学生的写作反馈进行评估。全程陪伴，才能时刻纠偏，让学生写出属于自己的个性化作文。

青年教师获得以上指导意见后，进入准备阶段。他们这才知道准备一节作文课，自己也会提升。这不正是认知学徒制在当下最好的体验吗？教与学历来是相生相长的。

# 哪有那么多成功的课，尤其是作文课？

有些青年教师承接公开课，试教感觉“不成功”，愁眉苦脸地来寻求帮助。

我和他们交谈后才知道，同样被“不成功”的课堂教学困扰的一线教师很多，特别是执教作文课，上几节课就感觉失败几节课。说到失败，其表现有三个方面：学生写不出；设计的流程推进不下去；写出来的，又不是教学所预期的。

作文课上的预设和生成，似乎不在一个频道上，看不到教学效果。一位青年教师在网络上看到我的作文公开课比较多。他认为这些投放在网络上的公开课都是成功的，于是，特别希望我来分享——教学成功，有什么秘诀呢？

哪有那么多成功的课？尤其是作文课，不如意者十之八九。

被看见的所谓“成功的课”，哪怕只有一节课，也许就是上过十节课之后的“幸存者”。也就是说，一节成功的课背后，也许藏着九节失败的课。而这些失败的课，自然无法传播，所以青年教师也不得见。

青年教师的教学进步缓慢，其中一个原因在于“没有看到失败的课是什么样”，不知道“在不成功的时候如何挽救”。所以，期待迎来成功，也就更显得渺茫了。

失败，才是真正有价值的——这么说，是有道理、有依据的。

第二次世界大战期间，某国想要加固战斗机的防护力，提高其在战场的存活率，聘请科学家来研究在战斗机的哪个位置增加防护装置，有利于保护战斗机不被击落。科学家研究了许多在战斗后回收的中弹战斗机，发现在机翼部分和机舱尾部中弹特别多。正当军方试图在机翼部分和机舱尾部增加钢板的时候，科学家却说，请在其他地方增加防护装置。

原因是那些用来研究的战斗机，虽然中弹，但仅是受“轻伤”。可见，机翼部分和机舱尾部不是防护的重点。真正坠毁的战斗机没有被搜寻到，因此真正引发战斗机严重受损的部分，就是排除机翼和机舱尾部的部分。

无法看到的也许储藏着进步的秘密。

要想学习上课获得成功的技巧，重要的是看“不成功的课，是怎么挽回的”。结合课例，我和青年教师分享促进成功的三个建议。

## 一、不要总写全篇，教学写的重点在于片段突围

学生写不出来，并不是全篇都不会，而只是在某些重点部分无法突围。所以，教学要想产生效果，就应该在学生“写不出”的地方，着力去教。这些地方正是写作教学的重点，也就是王荣生教授一再强调的确立教学点。

例如，统编版小学语文教科书四年级上册第五单元习作“生活万花筒”中，教学目标为“把一件事的过程写清楚”。为达到目标，不要仅限于提示学生把看到的、听到的、想到的写出来，因为这是学生已经能做到的。真正要做到把过程写清楚，可以逐步带学生模仿单元中的习作例文《小木船》，写出“开始是什么样”，之后“出了什么事”，进而写出“矛盾怎么激化”，一步步带着学生从事情的初始状态写到冲突发生，再写冲突加剧，写矛盾充分暴露。这个过

程拆开来，教师的教逐步嵌入学生的写，教学融合，全程陪伴，才能化难为易、化大为小。

选取教学点，逐步辅助教学，成功就容易看到。相反，贪多求全，仅提出要求，让学生自己去写，还要苛求“把过程写清楚”，就不容易达到目的。因为学生在这节课上，就是来学习这一新知识的。新知识的传授，不能一股脑儿抛出，要化入各个阶段，设计成不同的教学板块。

## 二、改变评价观，以评价促进学习，而不是予以定性收官

以评促学，评价才能发挥作用，促进学习成果的获得。特别是作文课，给学生的评价不应该是“好”或者“棒”等带有定性的结论。评价应促进学生真正去理解写作目标，掌握写作知识，提升写作技能，促进学习真正发生。

以统编版小学语文教科书四年级下册第七单元“我的‘自画像’”为例。本次习作，教科书设定的情境为“向新来的班主任推荐自己”。学生很容易忽略这一情境，直接写成普通版本的自我介绍，忽略了“读者”的特殊身份、交际中的特殊需求，写作没有对象感，评价也容易降低到“介绍得好不好”“像不像”这一层面上。

认识写作目标，改变评价设计，可以让学生扮演新来的班主任，听其他同学朗读自己的“自画像”片段。扮演新来的班主任的同学做出选择——我要优先认识这位同学。其实，被选中的作品就是优秀的作品，因为其有对象感，达到了“向新来的班主任推荐自己”的目的。这样的评价促进了本次写作的学习要点的获得，辅助学生明确“在写作中要认识读者，要基于情境和写作目的表达”。

我在执教此课时，扮演新班主任的学生给出了一个惊人的优秀

评价——我一个都不想认识。

原来他非常“入戏”，认真听了片段朗读后，表示均不满意。有的一味说自己的特点，但与班级建设无关；有的只是恳求老师优先认识自己，缺少了特点介绍……评价的结局是“一律差评”——都不想认识。

请注意，这个评价结果不但不意味着失败，反倒是最优秀的结果。这一“新来的班主任”完全进入情境，对同伴的习作给予了真实、恳切、有效、围绕写作目标的评价。虽然都予以差评，但这其实促进了被评价者发现问题，找到突破口，改进自己的初稿。评价促进学习，成功也就在教、学、评的互动中产生了。

## 三、课后加强练习，“汝果欲学诗，工夫在诗外”

实际上，课堂教学的成功，特别是作文课的成功，不应孤注一掷于当堂教学上，而应在课外多下功夫。

美国学者约翰·D.布兰思福特等编著的《人是如何学习的：大脑、心理、经验及学校（扩展版）》中，提出一个观点——必须达到足以支撑迁移学习的最低限度。这一观点显而易见，但又常常被人忽视。它会导致人们对各种教学方法的效度做出错误的判断。特别是学习写作这样复杂的学科知识，更需要时间。这点很重要。

据估计，培养出世界级国际象棋大师需要经过50 000~100 000小时的训练才能达到必需的水平。大师需要具备大约50 000个熟悉的棋谱作为知识基础，才能对每一步棋做出选择。这些时间大部分要用来培养模式识别技能，以及学习对未来结果进行预测的知识。这些技能可以提升流畅度。

因此，为确保作文课有效，课外应让学生进行“百字练笔”，持之以恒地自我训练。这样做，在提升写作技能的同时，又能够对自我的写作过程予以监控、调校，发现适合自己的写作方式，建设自己的写作能力发展路径。获得的成功，不仅是在技能层面有所提高，连元认知也能同步发展。“百字作文天天练”就是确保作文课有效的根本。

其实，我最想和青年教师分享的是：真正的成功，不妨换个角度。

不要在意“我”的设计是否落实，“我”的教学是否顺利；要更加关注学生是否学有所得、学有所成，是否有所改变。当代著名教育心理学家、学习科学家理查德·E.梅耶在《应用学习科学》一书中，对学习是否有效提出三个衡量标准：学习中是否有改变发生，改变是不是学生主体通过努力获得的，改变是否与学生的认知有关。

青年教师们，不妨从“学”的角度去自我测评，相信你们会释怀很多——不少看起来不成功的课，对于学生而言，也许是真正有益的。但愿这篇文章，对青年教师们有所帮助。

# 为什么学生在课堂上“叫不动”？

所谓“叫不动”，指的是学生在课堂上接受学习任务后，不愿意付诸行动。例如不思考，随大流；又如简单应付，“炒冷饭”。

以困扰一线的习作课为例。教师布置习作任务后，学生不愿意写，写不出来，或者是写一些早就会的、已经写过多次的。这类“动”，可以称为“假学习”。为什么“假学习”大行其道？为什么当堂教学写作那样困难？沿着这些问题追踪思考，可以发现一个根本的原因——学的东西，没意思。

没意思，当然不想动。

一线教师也发现了没意思的普遍性，提供了解决的方法，常见的是两个：其一，创设活泼情境；其二，教给一些知识。

但问题依然没有解决。两个方法对学习的推动力度特别小。首先，情境创设的成本很低，效果不佳。总是习惯用“活泼的语言”，或者是一些道具、一些音效，试图一下子让学生沉醉其间，也许是我们的一厢情愿。要知道，人的大脑在学习时，依存于一定的境脉，也需要反应的时间。突然从严肃的学习活动中，跳跃到活泼的情境体验里，就算是教师本人，也无法做到瞬间万变。其次，给予静态知识，试图起到巨大作用，实际上也是臆想。

法国学者安德烈·焦尔当在《学习的本质》一书中这样告诉我们：我们关心的不仅仅是描述学习者所记忆的东西或知道的操作程序，而是解释学习者如何理解、记忆、重建知识，特别是解释个体用所学的知识能够做的事。只有当学习这种能力给个体带来更多的东西，特别是当个体能够利用其所学时，我们才对这样的学习感兴趣。

解决问题的方案究竟是什么呢？这里结合统编版小学语文教科书四年级上册第五单元习作“生活万花筒”进行分析，提供一个关键的概念——炼制。

这一单元习作让学生写“一件印象深刻的事”，即课堂上去回忆印象深刻的事，然后写出来。这样简单地布置命令，结果就是“叫不动”。因为这些事并不是那么可爱，学生缺乏动力去回忆，更不想通过文字这样相对烦琐的方式表述，写了也没意思。怎么样才能激活他们写作的热情，达成目标呢？教师应在课堂学习过程中，和学生一起炼制有用的知识，应对当下的学习任务。

## 一、从例文学习中获得写作方法

统编版小学语文教科书的编撰系统，让阅读与写作能够形成合作姿态。阅读中带有写作必备的知识，写作时印证知识的实用性。如本单元习作例文《小木船》，就带有“如何写出印象深刻的事”的方法——制造矛盾冲突。故事中的主角原先和睦相处，因为一个意外产生了激烈的冲突；冲突不断上升，友情破裂；最后冲突缓解，关系恢复原貌。写出“印象深刻”的核心技术尽在于此，这源于教科书。

教师在执教写作前，可引导学生回忆、调取，让学习者从境脉学习中得到延伸、拓展、运用，为后续加工做准备。

## 二、提供可操作的写作方法

一线教师总希望，赋予上述“模板”后，学生能自行运用。这是错误的想法。如果新知识通过学习者自行演绎、组织就能获得，那就缺乏存在价值，也许只是旧经验的变形而已。让学生得到“写法条款”后立刻练习，表面上看，传递模式体现了谚语中的智慧：“在打铁中成为铁匠。”实际上，学习者并没有真的在“打铁”，大多数时候是在接收“已经打造好的模具”。这个“模具”对学生而言，可能是无感且无用的。

如何炼制，才能让方法内化呢？结合《小木船》的案例，教师可提供如下操作步骤。

步骤一：主人公出场亮相。基于四年级上学期的基本学情，教师提供“一个一个写才能写清楚”的基本方法，让学生写出两个角色，为后续产生冲突做准备。为了体现人物各自的特色，可以添加语言、动作、心理的描写，方法也是“写一个，再写一个”。

步骤二：制造意外与冲突。描写一个发生在平静之中的意外，意外中主人公分别做了什么，说了什么，方法依然是“写一个，再写一个”，分别写出人物的表现，让矛盾更激烈。

步骤三：矛盾的化解。借助叠加的事件，让矛盾得到化解。例如，教师的介入、父母的引导、伙伴的劝阻、往昔的回忆等，让友情回到最初状态，让矛盾得到解决，方法依然是“写一个，再写一个”。

从最初的友好相处，到出现问题，再到问题扩大，最后和解，学生使用可操作的写作方法进行写作，文章也印证了“事件给自己留下深刻的印象”。结合写作实践，教师提供的方法经过学生的自我炼制，成为带得走的方法。

## 三、发挥教师的作用

学界对教师在学习中的作用认定，一直存在左右摇摆，似乎所有的教学失效都归因于教师。这是失之偏颇的。教师和学生同在学习现场，教师应该时刻关注学情，帮助学生解决难题。例如：人物的出场不会写，教师提供方法；矛盾无法推进，教师可提示学生回忆例文中是怎么推进的；学生无法制造激烈冲突，教师可以指导描写伙伴间到底说些什么，做些什么。

不要以为这一切都是“自动化的线性流程”。倘若教师仅发出指令，然后就放手让学生去写，就是将所有的教学成功孤注一掷地寄托于线性流程推进。这才是典型的冒险，只要有一个环节卡壳，就会带来写作全程的阻梗。因此，在学习这个复杂的过程中，教师应该是全程陪伴、高度关注的。

焦尔当教授形象地说:“教学与知识传授工作就像一种复杂的炼丹术。”教师把原先分散的元素聚集在一起，所有参数都是其中的因子，缺一不可，但又不能简单码放，过程类似调制一杯微妙的“鸡尾酒”——教师对每一个写作环节都进行监控，及时叫停，予以评价；每一个评价都针对着教学点实施，立刻反馈；每一个反馈环节都印证着教，辅助着学，修正着写；教与学形成互动，确保大部分学生当堂学会。

以上是我的教育部规划课题“基于核心素养的儿童写作教学法探索”的核心研究成果。

在课堂学习中，学生“叫不动”，归结起来有三方面原因：第一，目标不明确，学什么不知道；第二，难点没法突破，怎么学不知道；第三，所学的知识未来不可用，学了有没有用也不知道。

让学生行动起来，可以针锋相对地让其明确目标，瞄准达成目标的难点炼制知识，解决问题；同时注重创设条件，让学生将课堂上练习掌握的方法，运用在课外的自由学习活动中。以写作为例，即便是这一节课的写作成功了，作文写出来了，“品相”也不错，依然不要沾沾自喜。写出一篇作文，远不如学生在未来能够用这一节课所学的知识、获得的技能来解决同类问题有意义。

用时下最流行的术语来阐释——一节课中的所学，类似获取较为上位的“大概念”。“大概念”的获取意义非凡，因为“大概念”是规律性的，隐匿着事物发展运行的规则，同时是可以进行迁移、拓展、辐射的。假如学生对课堂上所学的能够感到有用，学完能够解决当下的问题，并且在未来还可以用，怎么会“叫不动”呢？人从本质上说，都是乐于学习的，否则人类早就在迭代演绎中灭亡了。之所以存在“假学习”状态，是因为我们缺乏对学习科学的认识。

学习究竟是什么？如何做？学习时，大脑里究竟发生了什么？这三个问题，值得持续思考和探索。

# 小学习作教学，需要教师全程在场吗?

小学习作教学的误区较典型地出现在两处：其一，在初稿拟定之前；其二，在初稿完成之后。上海师范大学王荣生教授将其形象地称为“重两头，丢中间”。

习作开始前，教师习惯“发号施令”，将“提要求”当作“实施教学”。例如，正儿八经地告知：本次习作，写一件“难忘的小事”，需注意“叙述过程要清晰”“事件描写要具体”“要表达出真情实感”。指令发布后，以一句“开始写吧”，让学生“按令行事”，教师则自觉脱离教学的第一现场。

在初稿写就后，教师全力进行“美颜加工”，并以此当作挽救写作质量的“救命稻草”。他们可能会代笔修改，也可能会力主学生自己修改。所谓“修改”，更多停留在对文字的加工、润色上。例如，在“说”字前叠加形容词，让其更为丰富地表现为“怎样说”；又如，将词语替换为成语，在陈述句前引用古文，或是进行半白半古的改装……这一类“制作技术”，传播快，范围广，经久不衰，因为其很容易产生让人迷惑的“优秀作文”的效果。

沉迷于两大误区之中，实施不当的教学，无异于人为地制造着问题。

写作学界有人分析指出，教师没有真正介入学生的写作过程，而是在学生完成作文、产生问题后，再诊断并展开作文教学的。我们称这种类型的写作教学为“制病式作文教学”：制造出毛病，而不是真正“治病”。也就是说，有意等待学生在作文中出现、暴露各种问题后，再有所作为，而不是在学生“拿到写作任务时”“完成写作任务中”有效介入，引导、帮助学生完成一篇合格的习作。“发号施令＋美文制作”，直接导致教师主动放弃对写作过程的参与、监控、辅助，让习作教学成为“教和没教都一样”的无效行为。

在误区中停滞不前，让学生参与其间，近似于在“成人化”表达的断崖前徘徊。朱作仁教授曾经直批这样的教学“不符合学生的生活经验与实际需要”。王荣生教授则直接称其为“小文人语篇”，并遗憾地说，“重两头，丢中间，让我国中小学几乎没有真正的写作教学”。

困于误区，源于误识未除。教师欠缺了对写作完整过程的认识，让习作教学研究一直找寻不到突围的方向。文章并不都是一蹴而就的。特别是小学生参与的“习作”，讲究的是学习的过程要充分展开，学习的阶段要充分经历。写下一篇文章，至少包含五个阶段。

其一，预写。包括事先的构思、选材、立意，对文章的组织、谋划等。此阶段的教学不是教师单方面发布号令，而是组织师生进行“头脑风暴”，对命题进行思维碰撞。让每位学生在这一过程中，获得个性化的写作灵感。“作前指导”的丢失，是首因，亟待补齐。

其二，起草。开始写了，就是与写作中的真问题、真困难的真正相遇。例如，这一句该如何表达，那一段落该怎样组织，文章以何种结构组合，等等。此刻，教师的参与、陪伴起到以备咨询的作用，教师是学生的“学伴”。

其三，修改。

其四，校订。这是不同的两个环节，即修改不等于校订。之前的错误做法，就是以对文字的加工、润色、叠加修辞等校订的程序，取代了修改。校订，就是对文字表述的微调。修改，则是对文章“动大手术”。例如，修改素材，使其更符合主题需要；修改主题，使其更具备传播价值，富有正能量；修改结构，使其更有助于读者接受；修改文体，以更合适的方式呈现写作内容；等等。修改，在文章的上位进行变革；校订，在文章的末端进行调校。

其五，“发表”。以统编版小学语文教科书为例，三到六年级的60余次习作中，几乎都对“发表”做了提示。例如，读给同伴听、读给父母听、和同学交换读、张贴在班级的墙报上、投稿等。“发表”形式的多样性，“发表”流程的执行，都是为了让作者获得习作的成就感。“发表”，不仅仅指付诸铅字，更多的是让文章公之于众，在读者的阅读、传播、关注中，在语意的表达中，让作者本人也能发现问题。发现问题，才有助于进入二次修改，或者是完全颠覆初稿，“撕掉重来”，进入二次创作。修改—校订—发表，让作者体验到真实写作的精彩。

基于对写作过程的了解，如何走出误区，大致构想也浮出水面。

教师不要只“重两头”。不要只顾发号施令，也不能单方面进行事后弥补。在整个写作过程中，应注意让“教”随机嵌入，让有效的指导和学生的写作实践相融合。加上对习作阶段成果和问题的及时反馈，实现教—写—评融合式地推进。写作前阶段，教师与学生共同商讨，确定写作构思；起草时，教师全程陪伴，及时发现典型问题，辅助解决；在文章写作的关键节点，还可以暂停并进行集中辅导，帮助学生渡过写作难关；在写作后阶段，可以组织学生进行互评互改，针对问题进行反馈，也可以对过程中发现的个性化表达予以表彰。

有效的写作教学，教师类似于“篮球教练”，全程在场，全情关注，发现问题，主动协助，整个过程不断地鼓励学生投入新一轮的实践。

教师对习作教学的认识改变后，才能走出误区。所幸，统编版小学语文教科书的颁布，在关键时刻送来一股强大的助推力，起到帮助学生克服写作中预期困难的作用。统编版小学语文教科书的习作页面，每一次都保持完整一页的文字表述。教材编者清晰地提供了建议支架，建议学生“怎么写”，明确提出了“以什么样的流程推进”；给出了图表支架，借助图例、表格、图示、提纲等，让“作前构思”可视化。

还原写作应有的过程，让“教”和“写”以及“评”实现互嵌，让学生充分且真实地参与习作的全过程，在教学相长中，共同走出习作教学的误区，体验真正的学习之乐。

# 写作水平的提升，究竟靠什么?

作文，总是在写，却越写越无聊。写作水平的提升，究竟靠什么?

语言学与脑科学的研究者对思维与语言的关系极为关注，研究成果也趋于一致——语言与思维是联动发展的，思维水平的高低决定了语言的外在呈现。希望作文越写越好、写作水平提升的核心动力究竟是哪一种思维呢?美国学者奥拉西奥·桑切斯在《教育变革:利用脑科学改善教学与校园文化》一书中，从脑科学研究的层面，为我们提供了一个重要的概念——高水平思维。

高水平思维是大脑将教授的新信息与先验知识结合起来。简单地说，就是学习者将新的和旧的知识进行链接，之后再进行多维拓展，多点关联，形成全新的思维结果。这样的思维模型有利于学生产生与众不同、更具创意的成果，同时能让学生成为高素质的学习者。从写作角度说，具备高水平的思维，更有利于写出高水平的优质作品。

先来看此书中记载的一个案例，关注高水平思维发生的过程:

一个孩子很小的时候就开始听童话故事。她父母每天晚上都给她读童话故事。有一个她最喜欢的故事，她要求父母每晚必读，而且这是每天读的最后一个故事。她只需要看一看页面上的图片，就知道会发生什么。最后，她可以根据记忆背诵这个故事。

当这个小女孩开始自己阅读时，她仍然喜欢童话。

在短短的几年中，她听过数百个童话故事，自己朗读过50多个童话故事，反复观看那些根据她最喜欢的故事所拍摄的迪士尼电影，并把几本故事书牢记在心。她已成为童话故事的专家，甚至可以再现她最喜欢的故事中的场景，扮演每个角色。

这个小女孩热爱她的童话故事。当她阅读时，她的父母可以通过女儿脸上的表情来判断故事的主人公何时遇到了麻烦。这些故事有时会让她流泪，但最终总是让她开心。有一天，小女孩告诉妈妈，她不再替故事中的英雄担心了，因为她注意到这些书似乎总是以“从前”开头，以“从此以后他们过着幸福的生活”结尾，她甚至可以预测在每个新的童话故事中接下来会发生什么。

她现在知道总有一个英雄和一个恶棍。虽然对英雄来说，事情总是看起来很悲惨，但最终善良会战胜邪恶。

有一天，小女孩的爸爸给她带来了一本不同的故事书，说这是一个悲剧。小女孩读了故事，立刻注意到在童话故事中好人总是会赢，但在悲剧中好人不会赢。她问爸爸，是否所有的悲剧都以英雄遭受苦难而结束。爸爸说：“是的，这就是人们为什么把它称为悲剧。”

那天晚上，小女孩开始思考：童话是真的，还是生活更像悲剧？

第二天在学校里，老师让学生写一个小故事。小女孩立刻知道自己想写什么：她要写一个看起来像悲剧的童话——直到最后一刻，英雄获胜。

案例看完后，你心里留下什么感觉呢？你是否知道在这个案例中，高水平思维是如何培植的？同时，高水平思维又是如何带来写作品质的改变的？

## 一、高水平思维源于“刻意练习”

在最初的阶段，必须高频率地接触，获取尽可能多的感性认识。

故事中的小女孩非常喜欢童话，所以“父母每天晚上都给她读童话故事”。正是通过反复接触，她获取了故事中“结构化”的核心知识。例如“只需要看一看页面上的图片，就知道会发生什么”；“总是以‘从前’开头，以‘从此以后他们过着幸福的生活’结尾”；“总有一个英雄和一个恶棍”；“最终善良会战胜邪恶”……

这些核心知识的获取，让小女孩成为“懂故事”的人。这是高水平思维的前提。

学生不会写作文，接触太少，看得不够，写得更不够，刻意练习的阶段被跳过，想要通过一两篇、一两下解决问题，达到优质效果，自然备受挫折。在《红楼梦》中有“香菱学诗”的桥段，黛玉教授时，也讲究刻意练习——“你若真心要学，我这里有《王摩诘全集》，你且把他的五言律读一百首，细心揣摩透熟了，然后再读一二百首老杜的七言律，次再李青莲的七言绝句读一二百首。肚子里先有了这三个人作了底子，然后再把陶渊明、应玚、谢、阮、庾、鲍等人的一看。你又是一个极聪敏伶俐的人，不用一年的工夫，不愁不是诗翁了！”

## 二、高水平思维喜欢“具身认知”

“具身认知”（embodied cognition）就是在进行思考或参与活动时，伴随着我们的表情、动作，去想象画面，让身体的感受与思维更为密切地联系，以此去认识新事物。具身认知，是心理学中一个新兴的研究领域，让我们明白生理体验与心理状态之间有着强烈的联系，生理体验能激活心理状态。

实际上，人类是到20世纪90年代中期才开始发现这一秘密的——对语言的理解，是大脑的一种模拟。当我们理解语言的时候，大脑经历了一个尝试去体验语言所描绘事物的过程。2009年，尼登塔尔和他的同事进行了两项研究，才将具身认知从理论转为了实践。

故事中的小女孩喜欢反复观看电影，喜欢再现故事中的场景，还喜欢扮演故事中的角色；在参与故事阅读时，有时会流泪，大多数时候很开心，父母可以“通过女儿脸上的表情来判断故事的主人公何时遇到了麻烦”。这是具身认知中“移情”的表现。这些反应表明小女孩在整个学习活动中，不是仅以单一感官参与，而是多感官协同，不断参与具身认知。

也正因此，阅读学习的效果特别好，童话故事成了她自己的知识，且她能轻易识别并做出预测。在具身介入后，小女孩提取了故事的模板、形式等结构化的知识系统，建立了“故事的概念”。

我们的写作基本以“命题作文”为主。虽然也分为全命题、半命题、自由命题，但本质上还是“命题作文”。这样的单一模式决定了我们单一的思维——在家中想，在桌前编。与生活和世界绝缘，不需要调动各种感官参与，用不到高水平思维。这种前提下的写作，极其仰仗阅读积累。我们会越来越欣赏那种矫揉造作、由美文堆砌的美篇制作。写作的思维模型就是模仿——写出像文人一样的文字。

如果可以邀约各种感官参与，经由各种活动后写成，不仅写成的文字是有灵性的，写作过程也能促进高水平思维的形成。例如，经过调查、参观、访问、动手制作后再写；又如，让写好的作文进入流通环节，产生具体的功能，解决实际的问题，等等，都能让学生的思维和写作紧密相连。写作由此成为一种特殊的学习方式，不仅激发写作的乐趣，还能提升写作的能力。

我曾设计过一次学习型写作活动——编撰《班级奇妙问题》。创意源于一部有趣的书，名为《孩子提问题 大师来回答》。编者从 10 所英国小学数千名 4~12 岁的孩子提交的问题中，精选其中 115 个最奇妙有趣的问题，邀请世界各领域的顶级人物来解答。我让学生自由提问，之后选择问题，邀约名人解答，最后汇编成册。邀约的方式多样，有电话联系、邮件沟通、面对面访问等。学生为了邀约到合适的回答者，想出各种方法，做了很多尝试。编撰过程就是一种有效的学习，思维水平也得到提升。

## 三、高水平思维给予“创意的自由”

在什么时候才会有创意？据说不少科学幻想是在“喝咖啡”时产生的。可见，放松、自由、具备安全感的同时，创意就容易产生。

故事中小女孩的老师布置的写作任务是“写一个小故事”，给足学生自由；而小女孩做出的决定是“写一个看起来像悲剧的童话”，而且安排了不一样的结局——“最后一刻，英雄获胜”。她的创意很自由，来自她在写作中体验到的安全感，即我可以写我喜欢的，我有把握写出我想写的。

问题的关键集中在安全感如何产生上。

回顾整个故事，安全感来源之一是旧经验的积累，多次反复地刻意练习，让小女孩感觉自己有把握；安全感还来自练习过程中的自由链接，教师没有给予过多的约束，写作者能够根据自己的理解发挥；安全感还来自评估系统，高水平的评价者能设身处地地去评价，评估的意义也正在于促进思维水平不断提升。例如“SOLO（Structure of the Observed Learning Outcome 的缩写，意思是可观察的学习结果的结构）分类理论”，就主张通过评价，不再让学习成果停留在单点结构，而是不断抵达“多点结构”“关联结构”，直至到达“抽象扩展结构”。如果对于作文的评价针对的是“写得美不美”“文笔好不好”，则很容易带来写作时的趋利避害心态，让学生写成“老师喜欢的样子”。

要提升写作水平，需要让学生的思维水平不断提升。高水平思维就是高品质写作的核心动力。

# 如何做习作教学的“复盘”与“改良”？

一位青年教师设计并执教了统编版小学语文教科书五年级下册第五单元中的习作“形形色色的人”，试讲后发现效果不佳，因此和我交流，希望帮助改课。改良，从对教学过程的复盘开始。

这一课，教师的设计思路清晰，考虑算是周到的。例如，按照教科书中的提示，讲清楚了“什么是人物的特点”，提炼出“人无我有，人有我强”的概念；讲清了“如何选材更有利于突出特点”，使用了教科书中“叔叔的记忆力”这一思维导图案例；明确了“什么是写具体”“写具体的方法是什么”，例如在写的时候，把自己看到的、听到的、想到的写下来，写出人物的动作、语言、神态、心理活动等各方面；特别是解读了交流平台中的提示，强调了用他人的眼光、旁人的评价来突出特点。

青年教师特别强调，最后的评价环节，都和自己设定的教学点一一对应，做到了我之前交代的“教什么就评什么”。一切，看起来严丝合缝。但是，为什么效果就不理想呢?

为了让青年教师更直观感受到问题的存在，我也设计了同一节“形形色色的人”。之后，将两个设计放在一起，比对中就很容易发现了这看似没有漏洞的教学设计中存在的三大问题。

## 一、认知负荷过大

青年教师的设计造成了学生的认知超负荷。教师将自己认为需要教的知识，一股脑儿都教了，而且不断强调所教的重要性。例如：写好特点很重要！选择典型的事例很重要！如何写具体，方法很重要！

必须说明，这些知识点在改良的教学设计中也有呈现，但不是在学生写作之前一次性呈现，而是在不同的推进板块中逐步呈现。要知道，“一次性打包”和“分别出示”，对学生的影响是不同的。教师的问题就在于过于草率、集中地将必要的写作知识，整体打包后直接传递给学生，同时再三告诫知识的重要性。实际上，这样的大容量教学在构成学生的负担时，也造成了学生紧张、压抑的心理。所以，整节课上，师生都显得异常严肃，学习的乐趣无法体验。

改良后的设计，就是将这些必要的知识教学，设计在不同的板块中，在课堂推进的不同时段，谨慎地补给。同时，每当有知识点出现时，立刻执行“做中学”——马上讲，马上练，马上反馈。切分教学板块，分步落实写作重点，成了修改的关键之一。

在《尽管去做——无压工作的艺术》一书中，作者戴维·艾伦给项目下了一个简单且直截了当的定义：所有超过一个步骤的任务都叫项目。他强调项目与时间有着不可分割的联系。期望的目标不能够一步实现，需要把目标实现的过程分解为几个步骤来完成。写作学习是一个系统的项目，期待“一次性”完成，就完全忽视了“项目”一词的提示含义。

## 二、教、学、评分离

一次性教给知识，然后让学生集中练习全篇，最后进行评估。教、学、评看上去是一体的，实际上是分离的，即教归教，学生学得如何无从知晓；写归写，写得怎样先不去理会；评归评，列出评价标准自己对照即可。

在复盘时，青年教师一再强调自己设计的评价标准是结合知识点进行的。殊不知，当学生进入写作状态时，整个过程有多少次游离目标，教师是不得而知的；全篇写就后，有多少个漏洞，一时间是无法计数的。此时再次强调评价标准，即便对应为“是否选择典型事例”“是否有具体描写”“是否突出人物特点”等，都成了一纸空谈。

看起来都做到了，而实际上做得勉强、模糊。学生自己对作品钟爱有加，自然是含糊其词地一律都说“做到了”，而具体怎么做到的，未必能清楚，一心只想着“写完了，早点结束这严肃的学习活动”。所以，即便安排同伴互评，大多是走过场，不断给予好评。教师的评价也有可能成为廉价的鼓励。

改良这一问题的方案，就在于教、学、评的融合与嵌入，即教一个知识点，让学生立刻练习写，之后暂停教学流程，直接嵌入表现性评价。何谓“表现性评价”？在美国学者鲍勃·伦兹、贾斯汀·威尔士与莎莉·金斯敦联合编著的《变革学校：项目式学习、表现性评价和共同核心标准》一书中，对“表现性评价”（performance assessment）给出一个简单且易懂的概念——通过观察“所做的”来评价“能做的”。可见，表现性评价的实施要点，就是在学生“做”的时候，进行“评”，是动态推进的。学生“做”完了，再进行“评价”，就只有定性评价了。针对作文这一极具表现性的学习活动而言，定性中的“好”“赞”等，都是空泛无力的。

典型的表现性评价，就是对学生学习的阶段成果的及时反馈，越是及时嵌入，评价越能产生效果。与对第一个问题的建议相似：依然强调将教学过程切分，要让教师的“教”全程陪伴学生的“学”，让评价嵌入“教”与“学”的每个过程，实现教、学、评一体化。

### 三、炼制的知识陌生化

青年教师对教科书解读得柔弱，反映在教学中就是抛开原有知识，独立炼制了陌生化的知识。

教师在教学中使用的示范片段，多来自网络上搜集的学生作文。在课堂上，学生要在短时间内熟悉这些文字，要在短时间内从文字中提取信息，炼制出写作方法，经历一个创造性的知识研发过程。“陌生化”的体验，又一次增加了学生的认知负担。同时，例文的规范性、适应性、匹配性等，和教科书中的课文、习作例文相比，还是有很大差距的。

改良后的设计，建议用本单元中的课文和习作例文为范例。例如，学习“从他人角度来突出特点”，完全可以使用《刷子李》一课中针对曹小三的描写。又如，学习“写人物的语言、动作、神态”，完全可以采用《两茎灯草》中严监生的部分，或者采用《摔跤》中小嘎子和小胖墩儿摔跤的例子。再如，人物外形描写借鉴《他像一棵挺脱的树》，也非常合适。

建议教师多研究教科书，使用教科书中的资源，特别是习作单元，阅读类文本、习作例文，和最后要写成的作文有“强关联”。学生学习写作时，可以有意制造与之前阅读学习的互促关系，形成一种互帮、互助的“结对子”状态——阅读促进写作，写作回应阅读。这样的设计，既使得单元中所有教学资源被调动，又降低了学生的认知负荷；同时，从读到写也完成了一个知识炼制—知识运用—巩固浇筑的闭环。

特别要和青年教师强调的是，我并非排斥选用学生作文为例。

这样的“伙伴语言”作为例文，很亲切，有着独特的作用。教师在设计单元习作课时，注重教科书解读和使用，让学生的学习更有关联，也更轻松。

经过复盘、比对、改良后，青年教师更新了自己的设计，重新执教并获得了满意的效果。因此，我决定和大家共享三个问题的改良方案。

# 让学生真正参与，作文课需要哪“三个明确”？

在指导青年教师执教习作课时，我常发现一线教师特别怕教作文。

其状况表现如下：作文课不会设计，作文课上不知道该教些什么，上课时所有的执教设计简化成一件事——发号施令，并不断重复指出“你们要这样写，要那样写”“要记得用上比喻，用上拟人”“要记得有详有略，要按顺序、有条理”……实际上，做到这些谈何容易，教学更不是提出要求就能实现的。

更重要的是，教师发出指令并不是真正的教学，学习并没有真正地发生。我一直在思考：如何设计，才能执教，学生才能在写作课上真正参与学习，真正经由课堂学会写？

所有问题汇聚成一处——怎么教，学生才能参与“学作文”呢？

“教”促成“学”，作文课上可以有“三个明确”。如同在比赛中做好“规定动作”，能确保学生在写作课上真正参与学习，让写作学习真正发生。

## 一、明确“写好的作文是什么样”

在写作之前，教师和学生应该共同明确目标——知道本次作文要写“好”，应该是什么样的。这就好比建筑一座房子，要有一张施工蓝图；许下一个心愿，心中要有一个愿景。写作课上的“好”，就是符合一个确定的标准。标准由谁设定？美国学者丹奈尔·D. 史蒂文斯等合著的《评价量表：快捷有效的教学评价工具》中，特别提倡师生共同设计与列出评价量表，共享明确的评价标准。师生协同根据评价量表，共享目标，向着“好”进发。这就是写作课“三个明确”中的“首席”。

美国教师艾伦·韦伯（Ellen Weber）所著的《怎样评价学生才有效：促进学习的多元化评价策略》一书中就有一张“小论文”打分表（图 3-1）。试想一下，在写作前学生知道“小论文写得好，得分点是什么”“小论文的组成部分有哪些”，就能够很清晰地知道“接下来该往哪方面去努力”。

给小论文打分的范本　　姓名：______　　日期：______

______/15 分　引言和主题：清楚地阐明了主题，表达非常清晰。
评语：

______/10 分　文章结构：逻辑结构清楚，运用的材料与所要论证的观点吻合。
评语：

______/10 分　相关度：每个小点都在升华讨论。
评语：

______/10 分　覆盖面：涵盖了所有的需要用来支持主题的要点，但不包括不相关的背景信息。
评语：

______/25 分　内容：每个观点都有一定的材料支撑。材料的数量充分。
评语：

______/10 分　结论：概括了主要的观点，重申了文章的观点。
评语：

______/10 分　风格：语法和拼写正确，行文优美。文章的思想表达清晰。
评语：

______/5 分　段落：一段文章一个观点，段落长度适中。
评语：

______/5 分　其他格式：脚注、参考书目、题目、页码等都正确。
评语：

______/100 分

图 3-1　打分表

特别提醒：明确“写好是什么样”，绝对不是简单提供例文，也不是教师单方面发号施令。因此，“例文先入为主”是否有助于学习发生，就更值得思考了。

## 二、明确“怎样写，才能写好”

心中有了目标，接下来就是付诸实践了。此刻，就期待“方法”的登台了。

方法存于何处？就在例文中。例文不要“先入为主”，但例文至关重要。以统编版小学语文教科书为例，方法存在于课文以及习作例文等篇目中，充分印证了叶圣陶所说的“课文无非是个例子”。根据统编版小学语文教科书“单元统整”的编撰体系，整个单元的阅读学习与写作学习息息相关，可以说是阅读为写作提供了范例，让写作得以顺利进行，达到“不待老师讲，自能作文”的效果。

教学中的第二个规定动作——师生共同回忆、提取本单元阅读学习中已经掌握的方法，在本次的习作中使用。例如统编版小学语文教科书四年级下册第五单元的习作例文《颐和园》，文中就带有移步换景的方法展示。学习时，再次复习并提取方法，迁移到自己的写作实践中，写成单元习作《游________》。学生写的时候，可以采用这一方法，对自己所选取的素材及景点进行排序与加工，例文与方法合奏，产生保驾护航的作用。

再比如统编版小学语文教科书四年级上册第五单元的习作例文《我家的杏熟了》《小木船》，文章在讲述故事的时候，都出现了意外，都带有转折。学生能获取“写好一个故事的方法”，可以从例文中获取“制造情节中的冲突”的具体操作过程，迁移运用，让自己的故事更加好看。

特别提醒：获得的方法，并非简单的条款，要紧密结合例文，让学生看到这一方法，并在具体表达情境中使用，这更有助于迁移与模仿。

例如王爱娣老师在《美国小学说明文写作的训练重点及篇章写作指导实践》一文中提供的美国教师的执教例子（图 3-2），对例文中方法的析出与解释，是必须做的“规定动作”。获得方法时“拳不离手，曲不离口”，方法与例文紧密合奏，也许是写作教学中有效的通用法则。

<table>
<tr><td colspan="2">人人吃的食物</td></tr>
<tr><td>孩子们总是说：“我饿啦！”他们可能希望得到一些土豆片或者燕麦小甜饼。妈妈可能给他们一些苹果或者橘子。所有的这些食物都来自植物，可是，植物们又从哪里获得食物呢？<u>植物实际上是通过光合作用来制造食物的。</u></td><td>开头：抓住读者的注意力，提供重点陈述句（画线句子）。</td></tr>
<tr><td>当植物吸收水分和二氧化碳的时候，它就开始进行光合作用了。植物通过根部从土壤里吸收水分，通过叶子从空气中吸收二氧化碳。二氧化碳是一种气体，由动物呼出而植物吸收进体内。<br><u>接下来的过程</u>是水和二氧化碳在叶子里变成了糖。每一片叶子都有充满绿色物质的细胞，叫作叶绿素。叶绿素利用阳光首先分解了水和二氧化碳，然后把这两种元素合成为糖。</td><td>第 2、3 段：每一个段落讲述光合作用过程的不同部分。过渡语（画线词句）把作者的思想连贯成一个整体。</td></tr>
</table>

图 3-2　执教范例

一线教师请牢记，一定不能脱离教科书、脱离阅读篇目，空泛讲述写作的知识——此类教学可以称为给“知识干货”。记住，常吃干货，是容易上火的。如何加入“润滑剂”，让吞咽和吸收更有效？有时候，借助图例、结构分析表等可视化的工具，能让学生对方法的使用状况一目了然。这也是教学中管用的方法。上文提及的美国教师在说明文的教学中，就使用了这样一张文章结构表。如表3-3所示，学生可以清晰地看到文章的结构状态。这如同去旅行，手中有了“导游手册”；也像做解剖，心中有了“解剖图”。相信有了可视化的图标，写作会更加轻松与明朗。

**表3-3　文章结构表**

| 说明 | 结构列表 |
| --- | --- |
| 重点陈述 | 水从海洋到空中又返回的旅行叫作水循环 |
| 主题句1<br>细节列表 | 1. 水循环从蒸发开始 |
| | ——每天百万兆吨的水<br>——脱盐<br>——水分没有丢失 |
| 主题句2<br>细节列表 | 2. 水循环的下一步是水分子的凝结 |
| | ——冷却/粘尘<br>——云、雾、露水、霜<br>——柠檬水、玻璃杯、镜子 |
| 主题句3<br>细节列表 | 3. 当水滴在云里越积越多的时候，降水就开始了 |
| | ——雨水、冰雹、雪<br>——落在海洋里或流进海洋<br>——海洋包含了地球上97%的水资源 |

## 三、明确“可能出现的问题”

如果说，前两条明确是“确保写好”，那么第三条明确就是为

“写好”再次打一个“补丁”，让“好”如期而至。其实，也就是让学生真正通过写作实践，有学习发生，能学会，还能学好。

“补丁”就是知道问题可能出现在哪里，知道应该怎么回避。

前两条的“明确”，是师生共同的合作学习。而第三条“明确”，最重要的责任人是教师。教师在备课时应提前预设、判断，做好规避风险的提示。是否准确判断，仰仗教师的准备程度，也和教师的执教经验、写作经历等息息相关。

例如设计统编版小学语文教科书四年级下册第四单元中的习作“我的动物朋友”，在备课时，教师会发现教科书中提供了不少“人与动物交往”的情境话题，而且命题中的“朋友”也指向了交往，描摹的是一种交往的状态。有经验的教师在备课时就要做出预判：这篇习作的学习，不能纯粹地指导学生写成“状物”文，即仅限于对动物的描摹，应该注重对人与动物交往故事的讲述。再次审读教科书，可发现教科书中还提出“创设一个情境”来写这篇习作的要求。因此，上课之时要特别注重提示学生：本次写作是写一个与动物的交往故事。在故事中携带着对动物的描摹，同时不要遗漏人与动物之间的情感。所以，请同学们尽量选择自己熟悉的动物、有交往经历的动物，那是写好的前提保障。

能在系统运行中做出精准预判，补齐缺漏的，才是真正的专家。

任何系统都有漏洞，为漏洞打补丁，就是一个系统正常运转的保险。所以，第三个“明确”也是写作课上的“规定动作”。然而，学生还没有参与写，没有经历学习过程，无法做出估计。这样的“补丁”必须由教师事先预设。

当然，也可以在写作完成之后，组织学生进行二次修改，予以弥补。但在一线的实际操作中，“二次作文”的可能性与存在率并不是想象中的那样高。毕竟一个单元之后还有全新的学习任务。此外，如果能事先预防“接种”，为何非要让学生“感染”后再服药治疗呢?

本文更大的意图为强调写作教学的专业性。写作教学是专业色彩极高的一类教学。这一类教学也有平庸与艺术之分。向往艺术的层面，则仰仗教师备课与执教时的认真、细致、全方位考量；同时，也考验着教师对写作本质属性的认识，对课堂中“学习”的清晰定义。主张“什么都不管，先写出来再说”，可能是对“自由写”与“教学写”、对“习得”与“学得”的一种忽视与固执偏见导致的吧。

# 第四章

# 独具特色的“百字作文”练习

# “百字作文天天练”中，学习进步的秘密是什么?

“百字作文天天练”，就是学生每天坚持用两三百字，即兴、及时地将自己的烦恼或快乐、新奇的发现、发生的精彩事件、最真实的感受等，以一段“语不惊人死不休”的幽默文字记录下来。记录过程中不必强调篇章结构的完整，语句不必字斟句酌地苦苦推敲，意断时笔止，想怎么写就怎么写，想写多少就写多少。

在我 20 余年坚持的“百字作文天天练”基础实验中，收到了让人惊讶的优质学习效果。近 5 年来，越来越多的一线教师采用了这一做法，同样取得可喜成绩。特别是 2020 年全球遭遇了突发疫情，学生在家自学运用“百字作文天天练”，更是让一种简单的写作方式成为语文学习的支撑力量。随着《何捷老师的百字作文系统》与《百字作文的神奇魔力》的出版，“百字作文”得到更多一线教师和学生的熟悉与喜爱。

采用“百字作文天天练”，语文学习立刻显现成效，这是为什么?

美国学者奥拉西奥·桑切斯在《教育变革：利用脑科学改善教学与校园文化》一书中，和我们分享了脑科学的研究成果。这是将解剖学、生理学、心理学的联姻式研究运用到教育学领域的尝试，打开了我们教育经验主义的狭隘天窗，解开了萦绕在我脑海中的长期困惑。大脑控制下的学习，有三个方面起到决定性作用——核心知识、应用、高水平思维[1]。而“百字作文天天练”与这三方面完全吻合。

## 一、“核心知识”是学业提升的第一要素

核心知识指的是:“为了让学习发生而必须达到自动化状态的基础知识。”

请关注这里的“自动化”，要想达到自动化，必须熟练。这也就是老话说的“熟能生巧”。其实，我们的大脑并非想象中那样“勤奋”，而是“慵懒”的，特别是在学习时，不喜欢有太多的消耗。自动化的方式让大脑乐于接受，因为不需要消耗过多的能量来识别、理解、回忆，一切好像是顺其自然的。

如何达到自动化？答案是——刻意练习。

布卢姆曾对六个领域的天才进行了五年的研究，如钢琴家、雕塑家、网球明星、游泳运动员、数学家和神经学家。他将这些人的突出成就与花在获得相关关键知识自动化上的时间直接联系起来，发现所有的天才每周平均练习 25~50 小时，持续 12~16 年，才能到达他们所在领域的顶峰。

可见，只有达到一定程度的自动化，大脑才能进行深刻的练习。

那么，在写作中，需要经过刻意练习形成自动化的、最核心的基础知识是什么？

那就是新课标中所界定的“运用语言文字表情达意”的能力。会读不一定会写，会说不一定会写，真要会写，就要借助书面语言，将藏储于心中的“意”转化为“言”输出，优质的输出必须达到

① 奥拉西奥·桑切斯. 教育变革：利用脑科学改善教学与校园文化 [M]. 任红瑚，叶川，译. 上海：华东师范大学出版社，2020.

"言意合一"——"我写出了我所想的"。

为了实现自动化，这一能力的反复练习是必要的。但获得这一核心知识的最佳方法，依然是反复练习。"百字作文天天练"，强调坚持"五随"写作——随手写、随心写、随意写、随时写、随事写，就是在核心知识获取上，以极其刻意的练习进行强化，从而写得简单、写得纯粹、写得持续。因为核心知识的获取有一个前提——大脑喜欢集中注意力做好一件事。麻省理工学院的神经科学教授厄尔·米勒说："人们不能很好地完成多重任务，当人们说他们可以时，他们是在自欺欺人。"

## 二、"应用"是学业提升的必经阶段

拥有了核心知识之后，不能停留于概念认识的层面，要进行应用，即利用核心知识进行的工作。在这点上，"百字作文天天练"无疑有着极为突出的优势。

第一个优势：天天练，那就是天天都要"用"。教材作文一学期就写 8 次，一学年只有 16 次，练的频率太少。学生每次练习后提交，发回后已经过了一周，自己写了什么都忘了，效果自然不好。"百字作文天天练"使得练习频率大大增加，达到了刻意练习的基本时间要求与频数要求。

第二个优势：天天练，强调每次都要好好"用"。百字作文很短，练习的多为专项内容，很单一。这恰恰是其有利于"核心知识自动化"的优势所在。短小、集中、专项，针对某一类型的核心知识，进行集中练习。一学期 8 次的"大作文"，每一篇都可能涉及写作的方方面面，但包含多了，"贪多嚼不烂"。例如，一篇写事的记叙文中，涉及对人物的描写、对景物的介绍、对环境的刻画、对情节的推进等，学生要兼顾的事情很多。我们知道，“大脑很难同时专注于两个或两个以上的事物”。核心知识自动化最佳的途径就是纯粹、集中地练习。“百字作文”的特点使“集中”得到了保障。

第三个优势：天天练，自然形成复习这一特殊的“用”。一周之内，可以对某一类写作的核心知识进行不断地强化巩固，“百字作文天天练”引进的是及时复习的学习机制。例如，我们可以在一周五天的练习中，都进行“读后感”专项百字写作。第一天，读后随手写感受；第二天，读后针对精彩语句写感受；第三天，读后针对文章的主旨写感受；第四天，读后针对文章的布局写感受；第五天，读后针对文章的不同评价写感受。一周五天反复练习“读后 + 感受”这种结构段落，让读后感的知识更加结构化。结构化的知识容易得到巩固和迁移，形成自动化。

## 三、“高水平思维”是学业提升的决定因素

学业能否提升，决定因素在于是否具备高水平思维。从学术上讲，高水平思维是大脑将教授的新信息与先验知识结合起来。这里就涉及两个方面了：其一，核心知识掌握了吗？学扎实了吗？其二，在多次的运用中，达到自动化了吗？

做到这两点，才更容易建立更为高级的链接，进入高水平思维。

“百字作文天天练”并不是一成不变地重复练。在其推进阶段，强调各种变式练习。例如：随课文微写，进行读写结合练习；每日报评，结合报纸中的消息进行评论；班级日志写作，针对班级中发生的新鲜事进行新闻体写作；经典评述，针对经典的语篇进行评论；故事连载，自创故事连续写作……这些都是“关联”，将写作的基本技能、自我的旧经验等和全新的思维进行组合，组建高级的链接。

这样的练习有助于学生高水平思维的形成。高水平思维的一大特征就是连接的点很多，连接的面很广，连接的方式很灵活。“SOLO 分类理论”也主张在学习的能力层级上，更多抵达“多点结构”“关联结构”“抽象扩展结构”，“百字作文天天练”的运行机制非常有助于这种思维水平的形成。

美国教育评价专家韦伯提出了“知识深度模型”。近年来，“知识深度模型”成了美国 K-12 教育领域推动学生深度学习、培养学生高阶思维与核心素养的工具。韦伯将知识深度分为四个水平，即回忆、技能与概念、策略性思维、拓展性思维（本书《看不见的思维怎么教？》一文已阐释）。

“深度学习理论”研究中发现，当最终学生对于学习的理解和掌握的表现形式是通过综合活动获取的显性化的成果，如模型、小报、书籍、课本剧等，学生反映出的就是综合性高阶思维。“百字作文天天练”的变式练习，也鼓励学生以多种结果呈现写作。这对于高阶思维的提升，有着明显的促进作用。

让写作水平提升，让语文学习进步，从脑科学研究层面揭开的三个秘密，都在“百字作文天天练”中得到印证。“百字作文天天练”值得一线“教”与“学”进行尝试与推广，让学生获得实质性进步。

# “百字作文”能有效地触发内隐学习，如何理解？

在介绍内隐学习之前，先说外显学习。其实，理解了外显学习，也就明白了内隐学习。而且，越是内隐学习，我们越不需要对“什么是什么”的概念那样执着。

在课堂上，我们参与的大多是外显学习。外显学习有着基本的操作逻辑：亮出主题概念，讲清楚“什么是什么”；运用概念，将其转化为实践，验证概念是否真实、可靠；评估学习结果，宣布概念的获得。这样学习历来被认为符合“学得”的逻辑，也能确保有效。

例如我们要学习一种写作知识叫“动态静态融合描写”。首先要告诉学生什么是动态描写，什么是静态描写，什么是动静交融描写。请注意，这里的“动静交融”，原本是相对高级的隐蔽的写作技法，但在外显知识教学系统中，也能转化为清晰的概念，还可以匹配操作技巧。之后就是在样本中提取类似的信息进行模仿，例如在《威尼斯的小艇》和《鸟的天堂》这一类的课文中，感受动态、静态描写之美，体会动静融合的写法之妙。接下来就是由学生在自己的作文中去运用，并在教师进行的评估中区分等级，看到运用的成果，提升运用的能力。

外显知识的学习就像程序员在写一个标准化的程序，一切都按部就班。学习的效果是可以得到保障，但也很容易出现两个典型问题。

一是容易反弹。因为知识、技能是老师“教给我”的，是“要我学”的，所以在学习情绪的调整上，学生没有做好准备，效果也就容易衰败，陷入心理学上所说的“凋零效应”。

二是不易迁移。因为缺乏运用的真实情境，缺乏应对各种灵动问题的处理机制，所以在复杂的任务中，学生很难提取知识予以应对。这些知识像是一个又一个便于储存的“干货”，“吃”了之后便“营养不良”。如同你每天吃方便面，味道好，一下子能饱，但是不会促进成长。

现在来理解“内隐知识”。这是比较前沿的心理学概念，也是大家关注但尚未清楚其理解逻辑的学习方式。虽然不能完全理解，但我们从一出生开始就在运用，而且每天都在用这个方式学习。最妙的是，你自己深陷其中却毫不知情。瞧，内隐知识让你默默成长，是不是很可爱？

万维钢博士在《学习究竟是什么》一书中介绍了一个例子：你想想一个两岁的小孩学语言是怎么学的。难道你会明确告诉他定义和规则吗？比如，为了让他知道“桌子”这个词的意思，难道你会说“孩子你知道吗？桌子就是一个通常为长方形或者圆形的，表面绝对平整，有四条腿或者六条腿，一般用于写字、吃饭的物体”吗？你会教他语法规则吗？你不会的。但小孩在使用桌子时，就知道了什么是桌子，以至于他看到同一类的物体时，会指着说“桌子”。

这种学习就叫内隐学习。

就像我们很难说清什么是“百字作文”一样，我们也很难对内隐学习进行概念描述。我努力从以下四个方面去描述。

第一，内隐学习是融于生活情境中的。相对于课堂的外显“学得”来说，内隐学习更像自然习得的学习方式。在生活的各个场景，不同的情境中，学习者去融入，去感受，去体会；也许没有那么明确的学习目标，但有丰富的学习物料，有充分展开的学习过程，使得内隐学习的效果成为终身带不走的能力，其最终都将转化为人的素养。

第二，内隐学习基于对事实的判断。在内隐学习中，学习者常常要独立做出判断：什么是什么。所有的判断源于经历，基于一个又一个的事实，而不是“从概念到概念”的架空。对事实的青睐、验证、接触还带来学习模型、路径的改变。这是与课堂学习模式完全不同的，抚平了课堂学习中难以弥补的遗憾。生活能提供的事实例证极为丰富，也使得内隐学习对事实的判断发生得尤为频繁，学习中能力在高频实践中不断提升。

第三，内隐学习仰仗反复实践与运用。在生活中学习，没有专业的课程，没有教导或教练，没有固定的教科书，只能靠学习者本人反复参与实践。但这正是内隐学习最有价值之处。正如庄子在“轮扁”故事中说到的那样，做轮子的人知道哪里该削得圆，哪里要削得尖，哪里要磨平，一切靠的都是手感。但这些手感是无法写成条款，不能够记录在案的。内隐学习就是在反复实践中形成一种“心手相通”的感应力。

第四，内隐学习可迁移，可拓展，可创造。就像之前案例中说的，小孩认识到桌子之后，能够在所有的同类项中指认。内隐学习的结果是优质的，由于获得的过程很充分，可以在相似的情境中瞬间点燃学习者的热情与智慧，在新的学习情境中得到迁移与运用，这就很容易产生全新的创造。

“百字作文”能有效触发内隐学习，让“写”成为伴随日常生活的常态学习模式。这是由其独具特色的气质所决定的。

第一种气质是自由。

“百字作文”最开始的写作形式就是自由命题，自主写作。这样的自由度与课堂教学截然不同。自由，破除了程序员式的机械写，也不再让干货知识成为学习的先导。自由写，让学生得以从练习角度进入写作，以写作的方式参与写作，改变了对写作的接受式学习。自主写作产生的愉悦感觉，能让内隐学习被激活。

第二种气质是持久。

“百字作文天天练”，就是天天参与写作实践。写作原本就是实践性学科，提升离不开练习；天天练习，就是还原学科本质，让学生实现“在游泳中学习游泳”。不仅如此，天天写也就是天天参与“认识写”的学习过程。如同孩子在母语学习中天天使用母语交流一样，师生用“百字作文”的写作和批阅实现交流。交流中，教师不需要讲语法规则，不需要说语言逻辑，练习的次数多了，学生就能够学会正确使用语言，能够说出符合语法规则的话。

如果辅助以阅读，“话”就会越说越好。因为阅读也成了一种自然而然的内隐学习，读和写的结果，双重作用于学生，转化为语言整体面貌的改变。

第三种气质是灵动。

由于天天写，“百字作文”也成为写作与生活联通的一条路径。这条路径上，每天发生的都是内隐学习。例如，对素材的选择，需要不断地关注生活，探索未知；对语言的模仿，需要不断在生活中汲养；对文章的结构把握，需要在交往和阅读中借鉴。“百字作文”每天都写，写作再也不是闭门造车，不能是仅靠坐在家里就完成，而是需要到窗边站一站，需要到博物馆看一看，甚至需要来一场说走就走的采风。在“百字作文天天练”的内隐学习中，思维是极为发散的，发散思维能起到一定的触发灵感的作用。

这不由得令人想起2004年的一场国际象棋快棋赛。由著名的象棋大师卡斯帕罗夫对战神童马格努斯·卡尔森。这场比赛的最后结果是平局，而且是卡斯帕罗夫求和。当时卡尔森只有13岁。今天的卡尔森已经是2013年、2014年、2016年、2018年和2021年的国际象棋世界冠军得主，等级分排名第一。卡斯帕罗夫后来成了卡尔森的教练。而就在那一场对决中，有一个画面让人印象深刻：卡斯帕罗夫正在非常专注地盯着棋盘思考，而卡尔森起身离开了座位，似乎想走两步散散心。卡尔森在场上散步不是因为他坐累了，也不是实施干扰——这是规则不允许的。他是在主动使用发散思维，让自己的思绪随着身体的移动而更加灵活。

“百字作文天天练”，灵动的内隐学习天天发生。

第四种气质是温情。

“百字作文”的及时反馈，就如同生活中孩子与母亲的对话一样，有问必答，充满温情。及时反馈带来内隐学习的优质效果，“百字作文”也一样：天天练，教师天天看，每次看完都发还反馈，非常及时，这使得学习的效果直接“碾压”每学期8次的单元作文——学生好不容易写完后提交，时隔好久才收到批改结果，“黄花菜都凉了”，更谈不上对写作产生兴趣了。

# “百字作文天天练”，提升的核心要素是什么？

一线教师实施“百字作文天天练”后发出询问：“百字作文天天练”，就是一成不变往下写吗？肯定不是！一成不变傻傻地写，学生也会写傻的。

经历过两三个月的“命题写百字＋自由写百字”的组合后，“百字作文天天练”要进入变式写的阶段。变式写是“百字作文”作为系统课程的灵魂所在，也是能有效促进学生写作水平提升的关键设计。什么是变式写呢？我参考马扎诺博士的“精准教学体系”中提出的“变式操练”概念，做更为学术化的理解。

变式操练，顾名思义，就是改变方式进行操练，强调在不同情况下，使用新学到的程序性知识，应对新问题，提升新的技能水平。①没有变式的操练，学生遇到的任务和问题相对而言更具可预测性，有利于教师的指导和监督，也有利于学生构建练习的流畅度。然而，变式是必然存在的。

**1. 变式操练是独立的**

在变式操练的过程中，学生会遭遇完全不同格式或背景下的任务或问题的考验。这都是在以前的操练环节中从来没遇到过的。面对这些新知识、新问题的独立练习，不正是学生从已有认知上升到最近发展区，获得全新认知水平提升的必经阶段吗？所以，变式练

---

① 凯莉·哈蒙，罗伯特·J. 马扎诺．操练技能、策略与过程：熟能生巧的方法[M]．舒越，译．郑州：大象出版社，2018.

习与之前练习的切断以及独立性，使其存在成为必然。

**2. 变式操练是相互关联的**

变式操练虽然具有独立性，但也不是完全地孤立的。学生在进行变式操练的同时，大脑自然建立起各种连接。例如，之前知识的掌握、写作技能已有水平、对新写作知识的概念理解力、对写作流程的执行技能、流畅度等，以各种不同的方式进行组合、加工，使得各方面能力融合起来，因此也具有关联性。同时，一个阶段的变式之间，更有着密切的关联。这样的关联使得变式操练与之前进行的操练无法完全分割，与之后的操练也形成联络。关联性使其成为一种特殊的存在。

**3. 变式操练是有独特价值的**

马扎诺博士认为，变式操练为学生提供机会的同时，也让学生面临“将具体技能或策略应用于一个独特或更复杂的任务”的挑战。毫无疑问，即使不是大多数，也有很多学生在遇到和他们之前操练过的不一样的任务或问题时，或多或少会感到沮丧。

因此，变式操练具有独立面对问题、解决问题、获得生长的学习价值。不定期地设置新的学习任务，改变学习方式，获取新的进步，就是一种最真实的学习体验。学习能力必然在这样的实践体验中得到更快速的提升。这就像我们所说的“温水煮青蛙”，这是最温和也是最让人无奈的“死亡方式”。一成不变的训练方式将让学生沉迷于已有水平中，变式操练则促进学生不断向全新的认知层级发展。这不正是我们所期待的吗？

回到核心问题：“百字作文天天练”的变式多吗？

《何捷老师的百字作文系统》一书中，介绍了多种“百字作文”的写作变式。例如：随课文“微写”，教到哪里就写到哪里，学到什么就写什么；百字报评，每天阅读报纸、新闻，针对其中感兴趣的内容进行随机点评；“一人一本书”，用一整年或者一个学期的时间，进行项目化写作，以百字天天写的形式，将一本书所需要的部分进行拆解，每天完成一点点，最终每一位学生独立完成一本“我的个人书”；期末复习中还借助百字写各种各样的复习提要，如提醒知识点，提醒背诵记忆重点，提醒考试注意事项，等等。可见“百字作文”的写作变式是丰富多样的。

一线教师更关心这个问题:“百字作文天天练”的变式如何设计?

第一，随机设计。例如，在自由写百字一段时间后，就要进行变式写作设计。“随机”就是抓住改变的时机，使学生不会感到枯燥、疲劳。有的时候，“随机”还表示跟随教学内容改变。例如，新授课时伴随新知识，可以进行随文写百字；复习时结合复习需要，可以进行重点提醒百字。这都是随机而动。

第二，随学设计。学到什么就写什么，可以穿插写，优先写，集中写。变式百字及时写，写作就成了学习的另一种方式，及时通过写促进读，促进学。通过写检验学习的结果，写成的百字有助于教师进行结果的评估。在某些时候，教师只有确定学生是否以及何时上了一个台阶后，才能进行变式。可见，百字天天写，也有助于教师对教学行为和效果进行反思。

第三，随需设计。当前需要什么，就可以及时变化写些什么。例如，时下需要对时事政治进行关注，立刻指导学生进行“每日报评”的百字写作；时下需要增强积累，立刻就可以指导学生进行“读后感百字”写作。需求就是动力，有驱动，写了有用，学生就不会感到厌烦。

第四，随喜设计。教师与学生喜欢些什么，擅长些什么，就可以偏向喜好，更多写作。这样的变式让写作和学生的兴趣爱好、生活常态相结合，写作更有了源源不断的动力。例如我执教的班级学生喜欢阅读小说，“百字作文”中就出现更多的“小说连载”。

第五，我想和一线教师分享“百字作文天天练”的变式操作的基本要义。

**1. 变式写发生前要事先预告**

虽说变式写最让人惊喜的地方就在于“变”，但变化之前应该有个预告，否则来得太突然，未必带来好效果。例如“百字作文天天练”的第一阶段采取“自由写”，紧接着下一个阶段要进行“专项写”，教师需要提前 1~2 天预告，让学生做好准备。同样，变回来前，也应该提前做好预告。

**2. 变式写过程中要做好辅导**

有一种错误认识需要警醒，即教师只要设计了变式就万事大吉，学习指导就是要“玩花样”，教学设计就是给个方向，提出要求，剩下的交给学生自己完成。

我依然强调在变式写“百字作文”时，面对新问题教师要提供更多的写作支撑，供给解决问题的精练认知，辅助学生顺利解决问题。其实，变化越多，问题越多，学生的认知负荷也越大。这就需要教师辅助的程度也越深，而不是不管不顾。

**3. 变式写之后要做好总结**

编筐编篓，重在收口。任何一件事做完之后，如果没有总结，就会让价值折损。变式写之后也要有所总结，让学生明确这一阶段的学习内容，做好梳理。马扎诺博士的“精准教学体系”中，也介绍了梳理知识、检查知识的具体方法。可见，总结也是讲科学的。例如，期末的“生字提醒百字作文”最后一篇，就可以写总结性百字，题目参考“什么样的字最调皮”“为什么这些字容易写错”“避免写错别字的方法”……一两篇总结性的百字，能够使学习的价值再次提升。

需要提醒的是，变化虽好，但也不要乱变，特别是不要变得过于频繁。从时间上来看，“百字作文天天练”至少保证近一个月持续不断地练习，即变化的周期以“一个月”为宜。有的时候我也主张在一个月之内的四周间再变化，每周切换一个小话题。这类变化中的每一个小话题都紧密相连，是隶属于同一个“大概念”之下的。变化也讲究周期，使变化不至于破坏学习的系统性。

# “百字作文天天练”，技能的“流畅度”有用吗?

不少一线教师在开始实施“百字作文天天练”的时候，会提出一个疑问：为什么“百字作文”要天天练？隔几天练一次不行吗？

看到学生刚进行“百字作文天天练”时，会发现学生特别不适应：花的时间多，写起来很困难，影响了“正常作业”。的确，写一篇短短的“百字作文”，要经历构思、起草、修改，消耗的时间确实多，天天这样消耗，教师确实会提出这样的质疑。不过，必须先澄清一个观点:“百字作文”不是“非正常作业”。“百字作文天天练”，练的是写作，写作和语文学习息息相关，是最正常不过的作业，而且效果远远超过做课后练习、完成各类教辅材料……

对于问题“隔几天练一次不行吗”，答案很简单：不行。

没有天天练，带来的第一个负面效果是延长写作水平提升的周期。天天练，坚持两三个月就会见到实效；而隔三岔五地练，周期要延长，遥遥无期且效果无法预估。

借助马扎诺博士的“精准教学体系”中“流畅度”的概念看，天天练的秘密在于用最短的时间，提升对某项技能的加工水平，达到流畅。没有天天练，效果很难看得见。“流畅度”是指某项技能、策略或过程达到流畅的程度。是否流畅具体看以下两个水平：自动加工和受控加工。

自动加工具有自动化和速度快的特点。当学生对在做什么无意识或无关注的情况下，他们能够自动地实施某项技能、策略或过程，工作记忆能够自由地去执行别的认知任务，就是达到了自动加工的水平。

受控加工则是指加工更复杂的目标，如创作一篇文章或者设计一个科学实验，学习者在实施这些任务的时候，必须有意识地关注所需的每个步骤或方面，同时也要关注任务的特点，并且认真思考如何最完美地完成任务。也就是说，学习者是受到各种因素制约的。

随着学习者的成熟和变得更加熟练，那些曾经更需要受控加工的过程往往可以变得更自动化，流畅度将达到更加自动化且有效的水平。不管流畅度的获取是自动的还是受控的，都需要对某个技能或过程多次地执行[①]。

毫无疑问，“百字作文天天练”能够有效地增加流畅度。天天练，就是最多次数地练。但如果仅限于机械训练，也是将写作逼向穷途末路的一种残酷的模式。所以，天天练的方式很讲究。我们先从学习发生的心理规律上去认识——为什么学生感到作文难？怎么让学生会写、爱写？

写作心理学认为：写作难，是因为不熟悉，这使得每次写作的认知负荷太大。

写作是一个复杂的认知活动，牵涉与影响的因素很多，例如素材储备、思维加工、语言组织、基础知识等。学生不常写，所以每次写都需要绞尽脑汁，产生认知负荷，随之而来的是负面情绪。负负得正，真正地感到厌烦。这就是大家在“百字作文天天练”的初期所看到的“通病”——学生畏难并抵制。

① 凯莉·哈蒙，罗伯特·J. 马扎诺. 操练技能、策略与过程：熟能生巧的方法[M]. 舒越，译. 郑州：大象出版社，2018.

坚持天天练，将降低认知负荷。天天练，让学生在每次练习中都去感受文章是怎么写出来的；每一次写作都在熟悉文章产出的流程，以至于达到熟练的程度——习惯地用思维去组织语言，去调动素材，去完成“素材摄入—内部语言生成—组织加工—外部语言输出”的表达通道建设。多次疏通让通道变得通达，最后达到“畅通无阻”的状态。这样一来，学生在写作上的“自动化”程度就很高了。

我们会发现，施行“百字作文天天练”两三个月后，学生能够在很短的时间内写出一篇作文；考场上不再面对考题发愣，能迅速依题作答，快速反应。坚持“百字作文”练习，即便遇到相对陌生的作文题，学生也能调动已有的组织文字经验、思维运作经验以及日常练习中积累的素材，完成相对复杂的任务，“受控加工”的水平也提升了。

一句话——“百字作文天天练”，实现熟能生巧。相反，三天打鱼两天晒网，刚刚组建起来的通道又关闭了，再次去打开它又将重复消耗新的认知成本。可想而知，有效实施流畅度操练，让学生天天写百字，让写作发展达到流畅的程度，学生能通过写作实践了解写作的过程、方法，就是提升写作水平的根本路径。

天天练，如何避免陷入训练的机械性？从“练”的角度，我提出了三个建议。

## 一、确保高强度的实践操练

必须想通一个问题：坚持天天练，机械成分有，必定是枯燥的。即使强度大，也必须挺过去。所以，特别建议在施行“百字作文”的最初三个月，教师、学生、家长要形成合力——不管写多少，坚持天天写，实行高强度的实践操练。如何缓和、化解训练的机械性呢？通过教师的批阅和鼓励。

教师要做到每次写都能立刻批阅，马上反馈，形成一个有效的回应机制。在批改时，以鼓励为主。例如，学生只要写，就能过关；写后只要有修改，就能得到优秀；改动三处以上，就能够得到更多鼓励。类似这样的“条件设置”，一线教师最在行，可以在起初的实践操作中大胆进行。

## 二、确保基础建设稳固、扎实

我们都知道，让学生一味操练以求熟练，如果脑子里没有基础的概念，学生的操练可能会沦为毫无意义的死记硬背，甚至导致学生产生困惑和挫败感。所以，结合日常教学，我们要不断提及“百字作文”，让学生加深对“百字作文”的基本认识，形成并建立写作的基本概念。

提及的具体内容：其一，每次写“百字作文”所涉及的精准知识。例如，今日是命题型百字，写作内容是关于人物外貌描写中的“如何写眉毛”，那么关于眉形有几种，描述各种眉形的语言是什么，就可以在布置任务时提及。其二，每次阅读教学中，和写作相关的知识，鼓励学生在今日的“百字作文”中立即用上。例如，统编版小学语文教科书五年级的习作单元要学习“常用的方法”来写人。在学习《刷子李》一课时，就可以让学生了解什么是正面描写，什么是侧面描写，并要求学生在今日“百字作文”中选取其一，立刻练习。其三，批阅“百字作文”中发现优点，提出表彰并鼓励学生借鉴。例如，修改时发现某学生在“百字作文”中运用了所积累的词语，就可以树立成典型，进行表扬。又如，发现另一位学生的某一句写得特别生动，就可以进行放大呈现，突出鼓励。让每位学生都掌握这样的句式，激励学生不断写出精彩语言。

马扎诺博士提出要注重“常态的结构化”操练。在学习的初始阶段，学生在教练或教师指导下会进行特定时间间隔后的操练，这样的练习要常态化，要集中操练。操练时，教师可以再把之前介绍的知识、方法融合进去，使得学生在练习时感受到知识之间高度的结构化、紧密的联系性。注重“常态的结构化”，再辅以频繁发生的操练，是最有效地帮助学生获得新的程序性知识的方式。

## 三、让设计有更多的变式与可能

如果没有变化，每天做同样的事，任何人都会厌烦。“百字作文天天练”，不是让思维格式化，而是让思维有更多元、多点、多层次的链接，让思维迈向高阶，让学习走向深度。这就要考虑到“百字作文”的变式设计。

例如，“百字作文”写作初期，可以进行教师命题百字和自由百字相结合，随之可以进行随文百字写作，还可以进行合作百字、项目式百字写作。例如，我在《何捷老师的百字作文系统》一书中介绍“一人一本书”的项目。整个学期的百字练习就是“累积成书”的过程：今天写封面，明天写目录，后天写其中一章，再后来写评价……用一个学期完成个人的一本小书，全过程非常有趣，学生乐于参与。

“百字作文”要天天练吗？要！但不要傻练、硬练，要练得有讲究。

# “百字作文天天练”，能阻断“凋零效应”吗?

从驾校毕业，新手独自上路行驶，惹出的车祸，大多来自危急时做出了错误的反应。如果你问老司机:“此情此景，到底要怎么做？”也许他能说几句，但更多时候，他会告诉你——我也不知道，当时就做出来了。

你需要追问的是——驾校学习的那些本事，也都是实实在在的操作，为什么关键时候用不上？万维钢博士在《学习究竟是什么》一书中介绍:“我考驾照的时候表现非常出色，一次就完美通过，可实际开车技术并不好，在路上经常被别的司机按喇叭，有过两次追尾事故，多个超速罚单。”而有的人考驾照三番五次才过，但开车技术就很好。

他们的差别究竟在哪里？那些车技好的司机是怎么做到的？学习中获得的操作法，到底管用吗?

我们也知道，如今的驾校非常注重学习的情境性，在各种真实的路况中对学员进行训练，同时还有一些特别管用的专项练习，如倒车入库、侧边停车等。但是，为什么新手在关键时刻，依然无法做出老司机一样的快速反应?

2017 年，美国教育经济学家格雷格·邓肯领导了一项大规模研究，提出了童年早期教育的“凋零效应”，即像花儿一样，在温暖的环境催化下迅速开放，之后迅速凋零。学习上也有这样的规律——如果快速、集中给学生灌输一些知识，的确能让他们迅速获得一些优势，但这个优势总是保持不了多久就“凋零”了。现在你可以明白，为什么驾校毕业后，集中学习的知识、技能无法在现实的道路驾驶中灵活运用，因为这些集中学习的知识、技能正在迅速“凋零”。

为什么会有这样的效应呢？研究者认为，突击灌输的知识，都属于“封闭式”的，按照规定动作操作流程来教学，而且包教包会。但这样的会是一种假象，缺乏在实际的、变化的情况中运用，不能解决实际的问题，也不能成为后面继续进步的基础。

很明显，我们需要掌握的是“开放式”的技能。这种技能基于对知识的理解，与原有的知识相关联，与其他的知识能建立链接，而且在开放的、多变的时空中，可以随着运用的需求变化应对和调整。最重要的是，获取的知识和技能不是速成的。电影中“一夜之间获得神功”都是奇迹，但真要相信奇迹在自己身上发生，只能令自己变得疯狂。所以，我们也发现不少兜售速成的知识、技能的人，具备着超出常人的疯狂。

在正式上路驾驶后，随着驾驶时间的增加，遇到的情况更复杂，处理的经历更丰富，之前学习中感到非常困难的知识、技能变得易懂、娴熟、自然，这就是真正掌握知识、技能时的感觉，也就是获得“开放式”技能的证明。

下面才是我想说的——作文教学问题。

有时候，越是执着越容易迷陷。如果我们直接谈及为之焦虑的作文教学，也许会引发更为强烈的抵制。根深蒂固的“知识干货速递”类型的教学法，令我们的大脑很难接受新观点，哪怕我告诉你这些观点是经由实验提出的假设，也经过实践予以验证，可能都无济于事。所以，我们从“驾校学习”说起，从你熟悉却又没感觉到警惕的领域切入。

好吧，相信你已经做好准备，转向对作文教学的关注了。

充斥在我们周围的，都是“包教包会”的硬办法，教的时候，确实感到有效。例如：描写雪花，不要总是用“鹅毛般的大雪从天而降”，可以先对雪花做三个以上的比喻，之后再表现雪花落在三个不同的地方，最后再写出雪花落下后的三个变化……你可以试一试，即便是没有见过雪花的，也能用这样的“干货”方法瞬间写成。而且看起来作文立刻变得字数充足、阵势强大，效果好极了。

类似的方法正在大行其道，不需要一一列举。这些方法都有共同的特点：（1）现场学，感觉有用；（2）马上试，感觉好用；（3）立刻转化，直接套入作文中，发现管用。

有方法和没方法就是不一样：用了方法写，一下子就改变了整篇作文的档次；没用方法写，“公主又成了灰姑娘”。所以，我们看到越来越多的作文中，动不动就让“屈原向我们走来”，时不时就“紧握 ×× 的粗糙大手”，想都不想就即兴呐喊“此时此刻，要吟诗一首”……这样的教学到了极致的时候，甚至会给出“公式”。写作，犹如做数学题一样——套入公式就可以得出结论。

也必须看到的是，善于如此写的，真的能够也仅仅能够在“关键时刻”发挥作用。作文考试的时候，有套路很得意，分数就是不一样。就像驾校的路考一样，顺利过关靠的就是这些技巧。但在未来的时日中，学习者几乎不会主动去用它们，那些“俊俏”的封闭知识很快凋零。

很多流行的写作知识，都是一些条款、标签。例如写人，自然会想到正面描写、侧面描写；写景，自然会想到动态描写、静态描写。但真要追问下去——正面怎么写？动态写什么？落实到操作层面时，学生很难言说清楚。更不要说，教给的这些知识很快就会“凋零”，只剩下干巴巴的条款、无用的概念。如同一个不开车但考到驾照的人，沾沾自喜地告诉别人：倒车入库时，从反光镜里看到库门后，先将方向盘向右打死，之后回三把，然后再反方向打四圈……头头是道，一无是处。

如何预防“凋零效应”呢？“百字作文天天练”就是最佳的选择，因为其包含着阻断“凋零效应”的三个关键词。

第一个关键词：分解。

每天练习“百字作文”，让知识、技能的学习周期变长，而且可以实现最好的“动作分解”。例如正面描写，我们可以把它分解为写人物的眉毛、眼睛、鼻子、嘴巴、脸形，还可以再分解写手部动作、脸部动作，甚至是习惯动作，等等。在《一万小时天才理论》一书中，作者介绍一所美国的音乐学校，老师禁止学生把一支曲子连贯地演奏。学生只能跟着练分块的小段。最后的串联演出，得到了让人惊讶的效果。

可见，知识技能的掌握需要分解。分解带来高效，也让动作技能得到精致化的掌握。事实上，就连职业竞技运动的训练，也是分解进行的。例如游泳、打球等，并非每天都在“赛事”中锻炼，而是针对胜人一筹的关键性技术动作进行集中练习、分解练习。万维钢博士介绍说：一个高水平的美式足球运动员，只有1%的训练时间用于队内比赛，其他都用于分解动作练习。

第二个关键词：持续。

“百字作文天天练”，就是一种持续实践，就是一个让新手成为“老司机”的必经之路。在技能掌握中有“一万小时定律”，强调的就是练习的时长和量。我并不主张练满一万个小时，只是希望大家注意心理实验测算的结果。

写作，需要坚持不懈，因为提升语言的表现力必须通过长期刻意的训练。

第三个关键词：转向。

“汝果欲学诗，工夫在诗外”，希望写好作文，就不要一直盯着作文，反而要经由写作，去关注生活，去拓宽视野。“百字作文”需要天天练。在选材上，就需要作者面向生活去索取、去捡拾、去开掘、去创造，否则很快就会因为“没得写”而出现枯竭。因此，“百字作文天天练”是让作者转向对生活的关注。生活中的每一个感悟、每一次突发事件或者每一段奇思妙想，都可以纳入写作系统。

由眼睁睁看着作文写不出来，转向对生活充满好奇，知识、技能在生活中得到运用、验证，自然不会凋零。

# 如何借助每日百字，实行“密切监控”？

不少一线教师尝试全班进行“百字作文天天练”后，欣喜地发现——效果太好了。

的确，学生的写作水平提升很快，学习成果看得见。不过，很快这样的“蜜月期”就过去了。大概坚持了一两个月，写作提升的速度慢了，也很难看见效果。取而代之的可能是这样的情况：学生在应付，教师在艰难地坚持。

这是到了“冷漠期”，遭遇进步的瓶颈。此时，我给出的建议依然是坚持。形象地说，就是“咬咬牙，挺过去，就会好”。关键在这“挺过去”的阶段，到底该做些什么？结合20多年的实践经验，我给出的建议是，注重对学生的“百字作文”练习进行“密切监控”。

一谈到这四个字眼，不由得让人心头一颤。教师立刻产生一个疑问：难道说，要对每一篇“百字作文”进行精批细改？这简直是要老命的事！当然不是，“百字作文”送给一线教师最大的福利就是不必精批细改。也许，看完全班“百字作文”所需的时间，足够让你产生惊喜。那么，密切监控是什么？该怎么做呢？

密切监控由罗伯特·J. 马扎诺提出。马扎诺博士的“精准教学体系”，目前在学习领域备受关注。该项研究提倡教学力求精准定位、精准执行。密切监控可以这样描述：在高度结构化的操练周期内，观察学生操练的过程。

这里要先明确一个概念——高度结构化。结构化这一概念来自布鲁纳，这里不过多地进行名词解释。我们简单去理解：学习中的结构化，就是让旧知识和新知识能够产生关联，能够从旧知识中发现规律，迁移学习新知识。学习可复制，能递增、延拓、发展、演变。

研究者发现：在获取关键内容的阶段，密切监控至关重要。学生需要在教师或教练的指导下进行操练。在此过程中，教师或教练能够密切地关注学生对教学指导和教师示范的回应。在密切监控期间，在学生技能上的正确模仿将获得反馈和强化，任何错误或误解都能及时得到纠正[①]。

密切监控的关键点就此浮出水面：全程关注、科学示范、注重指导、及时反馈。

回想一下，“百字作文天天练”，不正是对这四个关键词最好的阐释吗？每天组织撰写“百字作文”，就是实施全程关注；教师每日阅读“百字作文”，就是给予学生及时反馈。其中的“科学示范”，如何运用范文促进提升，将在其他文章中进行讲述。本次重点分享在密切监控中如何注重指导。

## 一、监控的基本模式——练习与指导

一个共识是，练习对学习效果的影响很持久、很强烈。这在写作这一类实践型学科中更为突出。写作就要确保学生频繁、有效、准确地进行操练。“百字作文天天练”，在确保练习频率上不成问题，也就是让监控有依托，让指导落到实处，有具体的文本为依据。

① 凯莉·哈蒙，罗伯特·J. 马扎诺. 操练技能、策略与过程：熟能生巧的方法[M]. 舒越，译. 郑州：大象出版社，2018.

## 二、监控的执行——教师与同伴

在“百字作文天天练”中，教师与学生互为学习伙伴。练习的主体是学生，学生成为监控的主体。学生之间的监控随时可以进行，如互相传阅、交流经验、疑难咨询等。

教师也执行着重要的监控。教师的指导在提升中起到关键作用。写作中的教师，即是教练，承担着“如何写”这类程序性知识的初步教学；同时又是监督员，督促学生参与“好好写”的具体操练环节，在此过程中要监控学习的进展，调整难易程度与提升速度，等等。

## 三、监控的操作——高频与微小

优质的学习结果的获得源于练习与精准指导，依赖密切监控。特别是写作这样一种综合程度特别高的学习项目，看起来涉及的就是“写”这种单一的技能，但实际上这样的技能中包含着认识水平、心智发育、情感态度等多种因素，对其进行监控是至关重要的。从学生角度看，处在学习写作阶段，需要掌握基本技能，支持持续发展，同时也需要密切监督。“百字作文天天练”有利于化大为小，逐个击破，也有助于高频练习产出优质的学习效果。从学习的角度出发，对学习的过程、结果等进行密切监控，可以做如下尝试。

### 1. 一次一个小话题

每日百字的形式已经将写作的“大而笼统”的目标，切分为“小目标”。结合小目标，每一次写作都可以集中在一个小话题上。结合每次写作的小话题，教师可以明确讲解本次练习的学习目标，让学生清晰理解目标，了解抵达这一目标过程中所涉及的关键概念等。话题切分得越小，越有利于监控。

例如，同样是环境描写，可以持续一周，采用五篇“百字作文”分开写，写静态的环境、动态的环境，写自然环境、家庭环境及内心构成的特殊环境，等等。可以以一次一个小话题练习写，教师随着每次话题，明确讲解目标中涉及的技能或过程中涉及的关键概念，使学生得到及时的指导与反馈。

**2. 一次一个好机会**

每一次针对“百字作文”的练习与评点、互相观摩等活动，都是绝好的机会。首先，它给了学生加工关键概念的机会。例如上文所讲的知识点，经过每一次的写作，就是经历每一次的加工。每一个细小的目标，都需要这样的加工。其次，它给了同伴互相学习的机会。同伴是监控者，因此可以在互相观摩学习中取长补短。再次，它给了教师了解学情，及时反馈的机会。教师的指导只有基于学情的变化，根据需要来开展才能有效。

例如，在“环境描写”的目标推进中，某一次教师在学生的“百字作文”中，发现积累不够，影响表达效果，随即可以将写作方向调整为“有利于积累”。在随后的练习中，学生优先进行书评摘抄、词语评论等积累色彩浓厚的百字练习，然后再回到之前的写作系统中。这样的调整，不但不会影响该系统的完整性，还能有助于系统知识的精加工，让写作的效果更加优质。可见，“百字作文天天练”有利于监控中改变练习方向，调整教学策略，提升质量。没有“百字作文天天练”，监控的频数不够，效果则大打折扣。

**3. 一次一个好链接**

说到链接，那就是新旧知识的结构化。“百字作文天天练”，每一天的练习，都可以视为面向新知识、新领域的；每一天的练习，又可以看作对旧知识的回顾与延续。当天的练习就像是一个焊接点，焊接新旧知识。持续的练习能够使新旧知识无缝对接，形成一条更加系统、周全的知识链。

例如上文说的环境描写。各个小话题的写作将构成学生对环境描写这一知识的系统认识，知道环境描写可能包括哪些方面，以及不同的环境描写该用何种方式。关于环境描写的知识就可以构成一个完整的结构。这一结构化的过程，还可以迁移到针对其他系统的练习中。在练习与反馈中，教师和学生都可以监控这一结构的形成，随时进行尝试、修正、调整、补充，使结构更加优化。

再看“密切监控”这样生冷的四个字，提出之后必定备受诟病。近年来，我们不断接受各种教育思想的冲击，想必很多人对这四个字非常反感，认为“密切监控”就是对学生进行严格的管控，提供保姆式监管、灌输式教学。实际上，这是一种对概念表面化的误判。应该更加警惕的反而是带着温柔的语调，无限制地强调自由与自主，无条件地相信学生一定会努力，肯定能成长的调子。例如“百字作文”，如果只是让学生自由自在地写，这里写写，那里写写，今天写，明天不写，无教学存在地放纵，才真正是对学生的耽误。

马扎诺博士的“精准教学体系”不仅涉及密切监控，还涉及如何确定关键内容，如何准确组织学习，如何推进深度学习，如何检查学习结果，如何跨学科提出验证，如何熟能生巧等各种精准教学的实践模式。可见，教与学都要讲究科学，不能靠盲目的热情与“鸡汤”式的温存，而应该看到学习应有的理性与逻辑。

# 如何用“宝宝学步法”，让学生写“百字作文”上瘾?

日本医生川井治之在畅销书《这书能帮你戒烟》中，介绍了“小步法则”，即一种有助于戒烟的简易方法——“宝宝学步法”。这个方法对于没有强大意志力的烟民来说，也许能帮助其戒除坏习惯。而且整个过程就像小宝宝学走路一样，只需坚持慢慢往前挪，哪怕只是一小步，坚持就会达到目的。

介绍这一方法时，川井治之用走路来打比方：首先，要买一双鞋；然后穿上它，走出家门，在家附近走一走；接着按照这样的步骤，走下去。相信很多人都愿意试一试，而且都坚信可以做到。原因就是——太简单了。

随着一个个小目标逐渐实现，你的信心会高涨，戒烟的动力也就更强大了。

“宝宝学步法”如何实施呢？川井治之结合临床观察，制订了“3 天—3 周—3 个月法则”。先设定坚持 3 天不抽烟。这 3 天会很难受，要努力克制。记住：身体依赖最严重的时期也就是这 3 天。之后是坚持 3 周不抽烟。通常这 3 周内复吸的可能性特别大，所以依然要坚持。经过 3 周，身体上的依赖会慢慢消除。之后是 3 个月，度过后离戒烟成功就非常近了。

任何人改变习惯都要付出代价，其中最大的代价应该是心理承受力。川井治之分享了使用“小步法则”中的“脑回路”：如果要对习惯做出大的改变，人脑内的扁桃体会把这种变化理解为一种危机而发出预警，这样人们面对新的行动就会踌躇不前。但是一些细小的变化，扁桃体是感知不到的，因而可以逃脱扁桃体的“法眼”。这样一来，另一种习惯就会“入侵”了——对于烟民来说，这种习惯就是不抽烟。

想要消除对习惯的依赖，也可以从小目标开始。向大家介绍戒烟的方法，不是最终的目的，想必各位已经想到，我们要谈“百字作文天天练”。

“百字作文天天练”，练的就是习惯。习惯的养成就要小步走，坚持走。因为在养成“写”的习惯之前，学生拥有的是“不写”的习惯，就像戒烟是因为之前有抽烟的习惯。

即便刚开始的时候，写不出什么好东西，也要坚持，有什么就写什么。“百字作文天天练”，就要天天写；即便只是像“减肥人士”做的“减肥记录”也行。

习惯是无意识的行为。无意识的行为往往不好控制。记录是有意识的，是需要花费努力的。通过记录，原本无意识下做的事被可视化呈现，让自己看清楚。“百字作文天天练”的效果更直接——以写作去认识自己。

不过，很多教师发现，使用“百字作文天天练”，最初的一周会非常不适应：学生每天写，不适应；教师天天收“百字作文”，感觉压力如山般袭来，更不适应。看出来了吧，就像刚刚开始戒烟，会很不习惯，写“百字作文”也是如此，享受过不写，即便被说成是不会写，也无妨，因为写作太难。

开始难，但只要坚持，慢慢地，另外一种习惯会替代之前的习惯，也就是“每天写”的习惯替代“不需写”的习惯。这听起来像绕口令，但习惯的养成的确需要如此刻意地去练习。在安德斯·艾利克森与罗伯特·普尔合著的《刻意练习：如何从新手到大师》一书中，介绍了刻意练习的方法，就是坚持“一万小时以上”的练习量。但是，这并不是要盲目加长时间，而是让每次的练尽量处于学习区。学习区就是自己需要努力去探求、去获取的全新区域。“百字作文”天天写，每天都写新事物，而不是总写陈旧的老话题，每次都在“学习区”练；每次练，教师都及时反馈，符合了刻意练习又一个关键的“及时反馈”原则。“两大原则 + 天天练习”，“百字作文”就是科学地刻意练习，所以提升写作能力非常有效。

因为“百字作文天天练”符合了有效学习的基本原理，当学生养成每日写百字的习惯之后，没人提醒写，自己也会写；不让写，反而会更加主动去写。习惯生成了写作的内驱力，驱动作者主动写，写作成为终身无法剥离的习惯。

“百字作文天天练”，这个类似商标口号一样的提升方法背后，也有脑科学的原理支撑。罗伯特·莫勒所著的《一小步改变你的生活》一书中，介绍了坚持每日积累的意义：“一个新的变化会引发恐惧。但一些不易察觉的小变化则进展很顺利”，所以“逐步进行一些小的改变，是针对大脑这一特性的秘诀”。川井治之在《这书能帮你戒烟》中，也列举了日本棒球名将铃木一郎的话：“我成功的唯一秘诀，是靠一小步一小步的不断积累。”可见，一项技能的获取与提升离不开有效的练习。

当写作成为无法剥离的习惯时，写就表示着“我”的存在。不过，需要警惕的是，就像戒烟也有复吸的状况一样，写作即便经历过“宝宝学步法”的刻意练习，如果不坚持，也有可能前功尽弃。

所以，不应将“百字作文天天练”看成学生时代的写作训练方法，而应将其看成终身的习惯。

坚持写作的人生，是丰富的人生。因为你度过的岁月，被文字封印在一个密闭的空间里。其实这也是一种等待，等着喜欢了解你的人去开启。